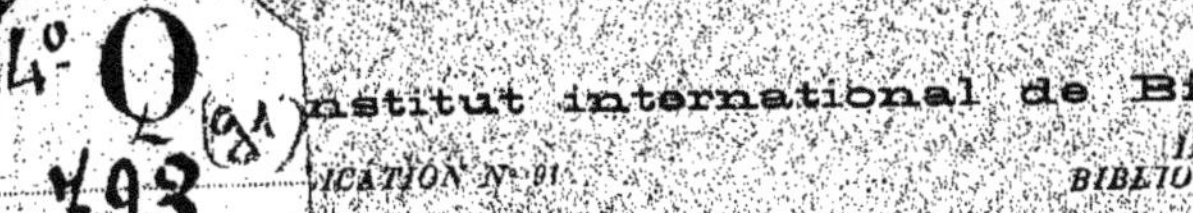

nstitut international de Bibliographie

ICATION N° 91

INDICE BIBLIOGRAPHIQUE | 011.1 : 4.0892
0254 : 4.0892

MANUEL
DU
RÉPERTOIRE BIBLIOGRAPHIQUE
UNIVERSEL

EXTRAITS LIMITÉS AUX PARTIES
PLUS SPÉCIALEMENT APPLICABLES A LA BIBLIOGRAPHIE
DE LA LANGUE AUXILIAIRE INTERNATIONALE
ESPERANTO

Avec Appendice sur l'emploi de cette langue
en bibliographie

INSTITUT INTERNATIONAL DE BIBLIOGRAPHIE

BRUXELLES, 1, rue du Musée. PARIS, 44, rue de Rennes.
ZURICH, 49, Hofstrasse.

1908

MANUEL

DU

RÉPERTOIRE BIBLIOGRAPHIQUE

UNIVERSEL

Institut international de Bibliographie

PUBLICATION N° 91 INDICE BIBLIOGRAPHIQUE 011.1 : 4.0892 / 0254 : 4.0892

MANUEL

DU

RÉPERTOIRE BIBLIOGRAPHIQUE UNIVERSEL

EXTRAITS LIMITÉS AUX PARTIES
PLUS SPÉCIALEMENT APPLICABLES A LA BIBLIOGRAPHIE
DE LA LANGUE AUXILIAIRE INTERNATIONALE
ESPERANTO

Avec Appendice sur l'emploi de cette langue en bibliographie

INSTITUT INTERNATIONAL DE BIBLIOGRAPHIE

BRUXELLES, 1, rue du Musée. PARIS, 44, rue de Rennes.
ZURICH, 40, Hofstrasse.

1908

MANUEL
DU RÉPERTOIRE
BIBLIOGRAPHIQUE UNIVERSEL

EXTRAITS LIMITÉS AUX PARTIES
PLUS SPÉCIALEMENT APPLICABLES A LA BIBLIOGRAPHIE
DE LA LANGUE INTERNATIONALE AUXILIAIRE ESPERANTO

INTRODUCTION

Une traduction, en langue Esperanto, de la dernière édition du Manuel du répertoire bibliographique universel publié en 1905, par l'Institut international de bibliographie de Bruxelles (publication n° 63) serait sinon nécessaire, du moins fort utile, pour faciliter l'application de la Classification décimale aux travaux bibliographiques concernant les documents écrits en Esperanto ou s'y rapportant. Elle permettrait ainsi, par l'emploi de cette langue, pour la rédaction des Notices bibliographiques, de donner, aux sommaires insérés dans le Répertoire bibliographique universel, un caractère complètement international [1].

En attendant la publication de cette traduction, on s'est proposé de réunir, dans ce travail, des extraits des parties du Manuel qui peuvent trouver leur application spéciale pour ces travaux bibliographiques relatifs à l'Esperanto et on y a compris les additions et développements qui peuvent aussi se trouver aujourd'hui nécessaires, ou tout au moins utiles, pour mettre les Tables de classification en harmonie avec l'état actuel des progrès réalisés dans les études qui concernent l'emploi de la langue Esperanto et même dans celles qui s'appliquent, d'une façon générale, aux langues artificielles. On a tenu compte, enfin, d'additions qui font partie d'une nouvelle édition du Résumé du Manuel, en cours de préparation.

(1) Voir à ce sujet : Instruction sur le dépouillement des publications périodiques françaises — Edition de 1906 publiée par le Bureau bibliographique de Paris.

TABLE MÉTHODIQUE

Note préliminaire sur le classement des documents bibliographiques concernant l'Esperanto.

La présente note explicative, bien que relative spécialement à l'Esperanto, s'appliquerait également, par simple changement des indices à employer, au classement des documents concernant toute autre langue, pour laquelle on pourrait avoir à envisager une classification reposant principalement sur la nature de l'idiome employé.

Les textes ou les ouvrages écrits *en* Esperanto et ceux *concernant* l'Esperanto, bien qu'écrits en une autre langue, qui entrent dans la composition des collections ou bibliothèques esperantistes peuvent être classés, suivant leur nature, d'après les règles suivantes :

a) En ordre principal, on classe sous l'indice 4.0892 qui dans la division 4.08 *Questions linguistiques diverses* représente particulièrement l'Esperanto, les écrits généraux concernant cette langue et se rapportant à sa création, à sa propagation ou à son histoire, ainsi qu'à sa philologie spéciale.

On classera donc sous l'indice de la *Philologie de l'Esperanto* 4.0892, tous les écrits et ouvrages, écrits ou non en Esperanto, *concernant spécialement l'étude de la langue*.

b) D'après la règle donnée plus loin, sous 8E, on forme, par analogie, l'indice 8.0892 pour la *Littérature de l'Esperanto* et on classe, sous cet indice, tous les ouvrages, de *caractère littéraire*, rédigés en Esperanto ou les écrits s'y rapportant, soit qu'il s'agisse d'ailleurs de productions originales en Esperanto ou de traductions, dans cette langue, d'œuvres écrites en d'autres idiomes, ou encore de traductions, en ces autres idiomes, faites d'après un texte original en Esperanto.

c) D'après les règles générales d'emploi de la Classification décimale,

(1) Note. On a remplacé, dans ce travail, pour plus de commodité d'impression, par deux ×× les signes d'égalité = qui sont habituellement employés pour les indices de langues.

d'autres documents, bien qu'*écrits en langue Esperanto*, mais se rapportant aux différentes branches de sciences, peuvent se trouver répartis dans d'autres sections, d'après la nature des sujets traités.

Si l'on veut réunir, dans un répertoire unique, ces écrits et tous ceux, énumérés ci-dessus, qui concernent l'Esperanto, on les classera tous sous l'indice ×12× qui est *l'indice de langue* ou l'indice *bibliographique de l'Esperanto*, en faisant suivre cet indice, avec interposition du signe de relation (:) de l'indice élémentaire correspondant à la nature du sujet.

C'est ce que l'on sera conduit, le plus souvent, à faire pour les bibliothèques des groupes esperantistes, si l'on désire réunir, dans un classement unique, tous les ouvrages écrits en Esperanto, car on constituera ainsi un Répertoire commode dispensant de rechercher les écrits composés en langue Esperanto et classés sous les différentes divisions indiquées ci-dessus (Voir notes sous 8D et 8N).

Mais on peut classer aussi directement ces ouvrages sous les différentes divisions principales correspondantes des Tables, avec simple indication complémentaire de l'indice de langue, si on ne les considère pas comme présentant un intérêt spécial au point de vue esperantiste.

Ainsi, suivant le cas, un ouvrage concernant un cadran solaire, rédigé en Esperanto, pourra être classé sous ×12×: 52.978 ou sous 52.978 ×12×.

Dans tous ces classements, on pourra distinguer les traductions des textes originaux, en faisant usage de la subdivision commune 03 ajoutée à l'indice de langue ou à l'indice de classement, dit en ordre principal, par nom d'auteur, en employant cette subdivision suivant les règles qui seront indiquées plus loin, sous la subdivision analytique 03.

TABLES DES SUBDIVISIONS COMMUNES

I

TABLES DES SUBDIVISIONS DE FORMES ET DE GÉNÉRALITÉS

(06) Sociétés, institutions, collectivités diverses.

L'édition de 1905 du Manuel donne des explications détaillées et auxquelles il y a lieu de se reporter, sur la façon d'indiquer, pour ces Sociétés, les sous-classements géographiques, ainsi que les titres mêmes et la nature des documents émanés de ces Sociétés.

On rappelle que les titres peuvent s'inscrire, en toutes lettres, dans la parenthèse, après l'indice de lieu et être suivis de subdivisions, par tirets, spécifiant la nature des documents considérés, d'après un tableau donné en détail dans le Manuel.

Mais, pour abréger, on peut aussi se contenter d'indiquer, au lieu du titre en toutes lettres des Sociétés, le titre abrégé formé par les initiales des mots principaux qui le composent.

Ainsi, on pourra écrire.
4.0892 (0622) (44. S. F. P. E.) 4 pour la Liste des membres de la Société française pour la propagation de l'Esperanto.

(061) Institutions officielles.

Cette section sera réservée, ainsi qu'il est prévu dans le Manuel, et comme subdivision de 4.0892 pour les Institutions relatives à l'Esperanto qui, sous des noms variés, pourront être fondées, dirigées ou administrées, dans es différents pays, par les pouvoirs publics (Commissions, Comités, Conseils, Corps administratifs et électifs, Administrations, Bureaux, Sections, Établissements, Services publics organisés en régie, etc.)

On pourra lui appliquer les subdivisions générales de lieu et autres indiquées plus haut.

(062) Institutions libres.

Cette subdivision sous 4.0892 s'appliquera à toutes les Sociétés relatives à l'Esperanto et qui ne dépendent pas des pouvoirs publics, dans les conditions indiquées ci-dessus.

On utilisera, pour ces Sociétés, les subdivisions suivantes qui établissent entre elles un certain classement, d'après leur nature et leur destination.

(062.1) Sociétés ou organismes ayant un caractère semi-officiel, c'est-à-dire ne dépendant pas des pouvoirs publics, mais constituées ou reconnues par les Congrès et les autorités esperantistes.

(062.11) Comités directeurs ou d'organisation.

(062.12) Comité linguistique.

(062.2) Sociétés de propagande générale.

(062.3) Sociétés d'applications spéciales.

On subdivisera chaque groupe par pays, à l'aide des indices de lieu et on pourra subdiviser, en outre, sous la parenthèse, les Sociétés d'application spéciales diverses, à l'aide du signe de relation suivi de l'indice de ces Sociétés.

EXEMPLES :

4.089.2 (062.2) (44. S. F. P. E.) Société française pour la propagation de l'Esperanto.

4.089.2(062.3:37)(4436). Société des Instituteurs esperantistes de Paris.

4.089.2(062.3:172.4)(∞). Société internationale des Esperantistes pacifistes.

III

TABLE DES SUBDIVISIONS PAR LANGUES OU IDIOMES.

D'après les indications données dans l'édition de 1905 du Manuel, les subdivisions des ouvrages ou écrits, d'après la langue en laquelle ils sont composés, se font à l'aide de nombres classificateurs donnés dans le tableau placé sous le titre ci-dessus, en les faisant précéder du signe bibliographique =

Ce signe tenant beaucoup de place, surtout lorsqu'on doit le répéter pour encadrer les nombres classificateurs, on a proposé de le remplacer facultativement par × qui répété ×× permet de mieux encadrer les nombres (*).

On pourra adopter, en cas de besoin, cette solution pour l'indexation des documents concernant l'Esperanto, mais il doit être bien entendu que les signes = = et ×× sont, par suite, équivalents et peuvent être employés facultativement, l'un ou l'autre, avec la même signification.

Le tableau des langues donné dans l'édition de 1905 n'a rien indiqué pour les langues artificielles diverses et par conséquent pour l'Esperanto.

On a employé à cet effet, la division ×1× (ou = 1) qui était restée disponible et on en a établi la classification en concordence avec celle de 4.089 *Philologie des langues artificielles*.

Exemple :

×11× Volapuk	4.089.1	Philologie du Volapuk
×12× Esperanto	4.089.2	— de l'Esperanto
×13× Langue bleue	4.089.3	— de la Langue bleue

On a formé ainsi le tableau suivant qui complète le Tableau des subdivisions, par langues ou idiomes, donné dans le Manuel. On n'a toutefois mentionné dans ce tableau que les indices des principales langues artificielles ayant déjà reçu des applications pour la composition d'écrits divers. Il sera facile, en cas de besoin, de compléter ce tableau et de former les indices correspondant à d'autres langues artificielles, en empruntant les subdivisions complémentaires à la Table de la division 4 donnée ci-après (**).

On trouvera également, sous 4, le tableau résumé des langues nationales qui permettra de former les indices de ces langues.

(*) On avait précédemment proposé l'emploi de l'apostrophe ou demi-guillemet pour ce même usage. Cette proposition qui avait été acceptée et mentionnée en note dans le Fascicule n° 1 du Manuel, Edition 1897, n'a pas été reproduite dans la dernière édition et par suite ne s'oppose pas à l'adoption du signe × qui serait d'un emploi plus avantageux.

(**) En appliquant à ces langues artificielles la règle générale indiquée sous (*a*) dans les *Observations générales de la table III*, pour la formation des indices de langue, c'est-à-dire en empruntant les subdivisions de la table principale 4 *Philologie*, dont le chiffre initial 4 est simplement remplacé par le signe de combinaison = ou ×, propre aux subdivisions par langues, on aurait été conduit à adopter pour les langues artificielles la notation ×089×, mais il est plus commode d'utiliser la division ×1× qui est disponible et qui conduit à des notations plus simples.

Toutefois, cette solution ne permettrait pas, en cas de besoin, de représenter, par une notation analogue les jargons conventionnels, classés dans la table principale sous 4.088, mais on pourrait conserver, pour ces jargons, la notation régulière ×088× qui serait subdivisée comme 4.088.

1× Langues artificielles en général.

(à subdiviser comme 4.089

×11× Volapuk (système mixte).
×12× Esperanto (système à posteriori).
×13× Langue bleue (système mixte).
×14× Autres systèmes mixtes.
×141× Systèmes mixtes dérivés du Volapuk.
×16× Système à priori.
×161× A base numérique.
×162× A bases diverses.
×17× Idiom neutral (système à posteriori).
×18× Autres systèmes à posteriori.
×181× A base latine.
×182× A base néo-latine.
×183× A base romane.
×184× A base d'internationalité restreinte.
×185× A bases diverses.

NOTES SUR UNE VARIANTE POSSIBLE

L'usage de la langue auxiliaire internationale "**Esperanto**" étant vraisemblablement appelé à prendre une grande extension pour les bibliographies internationales, on pourra être amené à chercher à simplifier les notations auxquelles on a été conduit par l'emploi des indices adoptés dans les tables primitives de Dewey pour la désignation des langues artificielles, pour lesquelles on n'avait pas prévu cette application.

On pourra obtenir ce résultat en utilisant l'indice de langue 12 donné ci-dessus pour l'Esperanto pour former les indices de la Philologie et de la Littérature de cette langue, par l'application de la règle générale de formation de ces indices spéciaux rappelée plus loin sous 8E, c'est-à-dire en faisant suivre simplement les chiffres 4 et 8 de l'indice de la langue correspondante emprunté à la table III.

On obtiendra ainsi respectivement les indices 412 et 812, au lieu de 4.0892 et 8.0892 qu'on a été conduit à adopter ci-après, pour les indices de la Philologie et de la Littérature de l'Esperanto et l'on pourra en faire usage en remplacement de ces derniers.

Toutefois ces indices 412 et 812, ayant déjà été utilisés pour d'autres emplois, dans les tables primitives de Dewey, il pourra être utile, pour éviter des confusions, de les écrire avec interposition de tirets, sous la forme :

4-12 *Philologie de l'Esperanto* — 8-12 *Littérature de l'Esperanto*. Les bibliothèques spécialement consacrées aux œuvres esperantistes, pourront faire usage de ces nouveaux indices, si elles y trouvent avantage, à la condition de considérer comme équivalents les indices 4.0892 et 8.0892 qui pourront être employés encore concurremment.

TABLES PRINCIPALES

4. PHILOLOGIE. LINGUISTIQUE

Il y a lieu de se reporter, pour l'emploi de ces tables, au texte de l'édition de 1905, sous les réserves qui seront indiquées ci-après, en ce qui concerne les applications spéciales à l'Esperanto.

Les chapitres *Observations générales* et *Généralités* subsistent sans changements.

Le chapitre 40 *Questions linguistiques diverses* a dû être développé pour permettre d'y introduire le classement des langues artificielles diverses qui se trouvent mentionnées dans l'ouvrage de MM. Leau et Couturat *Histoire de la langue universelle*.

L'obligation que l'on s'est imposée de conserver les divisions déjà adoptées pour le Volapuk, l'Esperanto et la Langue bleue n'a pas permis de suivre, pour ce classement, un ordre aussi systématique qu'il eût été désirable.

Il y a lieu de rappeler que, d'après les indications données dans les *Observations générales*, sous la lettre P. les variétés d'une même langue se marquent par les subdivisions, par 0, de l'indice de cette langue et que la langue populaire se classe spécialement ainsi, sous la subdivision 025, de sorte que le *Slang*, dérivé de l'anglais, doit être classé sous 42.025 et l'*Argot* ou *Langue verte*, dérivé du français, sous 44.025*

On n'a donc à prévoir de division spéciale que pour les jargons conventionnels formés à l'aide de plusieurs langues usuelles ou à l'aide d'autres éléments.

Dans ces conditions, la division 40 *Questions linguistiques diverses* a reçu les développements suivants, et l'on a, en outre, dans le développement des Philologies spéciales, ouvert un chapitre préliminaire sous 4×1× pour les langues artificielles, en y donnant spécialement le développement de la Philologie de l'Esperanto, sous 4×12×.

* A l'index alphabétique des Tables, on a indiqué, par erreur d'impression, 4025 au lieu de 44.025, pour l'indice de l'Argot.

4.0 Questions linguistiques diverses.

4.01 Philosophie du langage.

Nature et origine du langage. Théories diverses. Creationisme, transformisme, etc.

4.07 Enseignement et étude des langues étrangères en général.

Enseignement des langues vivantes.

Connaissances pratiques des langues.

Polyglottisme.

Voir aussi : 372.61. Enseignement de la langue maternelle.
372.65 Enseignement de la seconde langue dans les écoles.

070. Généralités.

070.1 Méthodes diverses pour l'étude des langues. Méthodologie et pédagogie des langues.

070.3 Traductions. Questions théoriques seulement.

Les traductions mêmes sont classées comme il est dit sous 8Q.

4.08 Espèces diverses de langues.

(Pour la Philologie spéciale de ces langues, voir plus loin, sous 41/49).

Voir aussi : 41.501 Langues à flexion.
41.502 Langues agglutinantes.
41.503 Langues isolantes.

.081 Langues non organisées.

.082 Langues non écrites. Sources audibles de la philologie.

.083 Langues non parlées. Idéographie.
Signaux optiques et acoustiques.

Voir aussi : 654. *Télégraphie.*

087 Dialectes, patois des langues écrites, en général Dialectologie.

Voir sous chaque langue, à la division -7, les études sur l'ensemble de plusieurs patois et dialectes d'une même langue. Les écrits sur un dialecte ou patois déterminé sont classés, comme il est expliqué plus haut, sous l'observation générale D.

4.088. Jargons conventionnels.

.088.1 Lingua franca. Sabir ou petit sabir.

.088.2 English Pigeon. Langage des baleiniers.

.088.3 Foki foki.

.088.4 Langue des Indous. Hindoustani (voir 49.143)

.088 9 Jargons divers. Agrach.

4.089 Langues artificielles

4.089.0 Généralités et projets généraux

.01 Considérations générales sur la possibilité d'une langue internationale.

(DESCARTES, LEIBNITZ, RENOUVIER. *The american philosophical Society, Journal Le Linguist*, etc.)

4.089.1 Volapuk (Système mixte) de l'abbé SCHLEYER.

(Pour les autres systèmes mixtes voir 4.089)

4.098.2 Esperanto. (Langue à posteriori et à base d'internationalité) du Dr ZAMENHOF.

(Pour les langues derrivées de l'Esperanto, voir plus loin sous 4.0892-7)

4.089.3 Langue bleue (Système mixte) de LÉON BOLLACK.

4.089.4 Autres systèmes mixtes

.41 *Systèmes mixtes dérivés du Volapuk.*

.411 Langue universelle (CH. MENET).

.412 Bopal (SAINT DE MAX).

.413 Spelin (BAÜER).

.414 Dil (FIEWEYER).

.415 Balta (DORMOY).

.416 Weltpart (W. VON ARNIM).

.417 Dilpok (MARCHAND).

.42 *Langues à bases diverses.*

.421 Nol Bino (VERHAGGEN).

.422 Orba (GARDIOLA).

.423 Tal (HOESSRICH).

.424 Pantkel (MAX WALD).

4.089.5 Projets généraux et projets mal définis.

.51 Essais de réalisation d'une langue théorique et philosophique. LETELLIER, DIETRICH, TH. VON GRIMM, FARIGUET, etc

.52 Essais de grammaire restés incomplets.

Antivolapuk (MILL.), Mondlinga (BRAAKMANN).

Mundolingua (HUMMLER), (HELY).

.53 Essais vagues et mal définis.

Langage instantané. (CHAPPAZ).

4.089.6 Systèmes a priori.

.61 *Langues à base numérique.*

.611 Solrésol (SUDRE).

.612 Langue chiffrée (GROSSELIN).

.613 Zahlensprache (HILDE).

.62 *Langues à bases diverses.*

.621 Langue utilitaire (DELORME).

.622 Langue analytique (VIDAL).

4.089.623 Langue étymologique (REIMANN).
.624 Langue naturelle (MALDANT).
.625 Langue systématique. — Spokil (NICOLAS).
.626 Langue philosophique. — Lingua lumina. (DYER).
.627 Langue physiologique-Blaia dimondel (MERIGGI).
.429 DALGORNO, WILKINS, SOTOS OCHANDO.

4.089.7 **Idiom neutral** (Système à postériori).
(AKADEMI INTERNASIONAL DE LINGU UNIVERSAL).

4.089.8 **Autres systèmes a posteriori.**
.81 *Langues à base latine et langues mortes.*
.811 (CARPOPHOROPHILUS).
.812 Reform latein (FROHLICH).
.813 Kosmos (LAUDA).
.814 Lingua et Latinesce (HENDERSON).
.815 Myrana et Communia (STEMPFL).
.816 Linguum Islianum (ISLY).
.817 Lingua internacionale (ZAKRZEWSKI).
.819 EICHORN, VOLK ET FUCH, SICHLEN, MAX WOLD.
.82 *Langues à base néo-latine.*
.821 Langue internationale (COURTONNE).
.822 Nov latin (Dr ROSA).
.823 Novilatin (BEERMANN).
.824 Latino sine flexione (PEANO).
.825 Lingua franca nuova (BERNHARD).
.826 Mundolingua (JULIUS LOTT).
.827 Langue catholique (LIPTAY).
.83 *Langues à base romane.*
.831 Communications sprache (SCHIPFER).
.832 Universal sprache (PIRRO).
.833 Pantos-dimou glossa (L. DE RUDELLE).
.834 Panroman ou Universal (MOLENAAR).
.835 Pasilingua (STEINER).
.836 Universalis (HEINZELER).
.837 Lingue roman (KIRSCHNER).
.838 Parla (SPITZER).
.84 *Langues à base d'internationalité restreinte.*
.841 Anglo franca (P. HOINIX).
.842 Nuove-Roman (italo-espagnol) (PUCHNER).
.843 Tutonish (allemand) (MOLER).
.85 *Langues à bases diverses.*
.851 Langue universelle de l'humanité (JULIEN HERRANT).
.852 Patoiglob (BODIN).

4.089 PHILOLOGIE SPÉCIALE DES LANGUES ARTIFICIELLES

Les tables de 1905 donnent, comme exemple du développement à admettre uniformément pour les différentes langues nationales, classées sous les divisions 42 à 49, le développement de la Philologie de la langue anglaise, classée sous la division 42, et l'édition précédente du fascicule 22 avait donné le développement de la Philologie de la langue française, classée sous 44.

Pour faciliter le classement des documents bibliographiques relatifs à l'Esperanto, on a donné, en outre, ci-dessous, les développements qui pourront être utilisés pour le cas particulier de ces documents.

Ces développements, comparés à ceux applicables aux langues usuelles, comportent, dans certaines parties, des simplifications qui ont permis de réduire notablement, dans ces parties, l'étendue des tables.

4.0892 **Philologie de l'Esperanto.**

4.0892[(0), (.), « », ××, :] *Généralités.*

4.0892- *Questions particulières.*

4.0892-1 **Orthographe.**

- -11 Alphabet.
- -12 Voyelles, Diphtongues, Aspirées.
- -13 Consonnes.
- -14 Système orthographique. — Orthographie phonétique.
- -15 Prononciation.
- -16 Accentuation.
- -17 Épigraphie. — Inscriptions.
- -18 Abréviations.
- -19 Ponctuation.

4.0892-2 Étymologie. — Dérivations.

Onomastique. — Sémantique. — Formation des mots et du vocabulaire. — Origine et histoire des mots.

(Pour les questions de syntaxe et de grammaire voir, -5).

-21 Origine et lois de formation des mots. — Racines.

-22 Dérivés. — Affixes. — Préfixes et suffixes.

-221 Préfixes.

-222 Suffixes.

-23 Mots composés. — Modes de création. — Famille, de mots.

-24 Éléments étrangers et mots simples déterminatifs.

-25 à 29 Différents genres de mots. — Noms, adjectifs, pronoms, verbes, adverbes, prépositions, conjonctions, etc.

(A subdiviser, si besoin est, comme -5).

4.0892-3 Lexicologie. — Dictionnaires.

On fera usage de cette subdivision -3 pour un *écrit* concernant un dictionnaire général de la langue et on ajoutera, s'il y a lieu, la subdivision commune (03) *Dictionnaire de* —, pour marquer qu'il s'agit effectivement d'un *ouvrage* sous cette forme matérielle de dictionnaire.

Pour les dictionnaires de termes techniques ou vocabulaires spéciaux, qui sont, quelle que soit leur langue, classés avec chaque matière, on n'aura à faire usage que de la subdivision de forme (03) en la complétant, au besoin, par l'indication de la langue ou des langues employées dans l'ouvrage.

EXEMPLE :

61 (03) ×12-4× Dictionnaire de médecine en langues esperanto et française.

Les dictionnaires généraux de la langue, en plusieurs langues, sont également classés à la subdivision -3, en subdivisant à son tour celle-ci, par les subdivisions de langues correspondantes.

En principe, pour les dictionnaires de langues nationales, ces dictionnaires doivent être classés à la langue qui fait l'objet de l'étude, c'est-à-dire à la langue que l'on désire apprendre ou traduire; ainsi l'on classera à 42-3(03)×917× un Dictionnaire anglais-russe, à l'usage des Russes étudiant l'anglais.

Les dictionnaires utilisables pour l'étude de deux ou plusieurs langues sont également, en principe, classés au moyen de deux ou plusieurs fiches, sous les divisions successives correspondant à ces langues.

Ainsi, on classera sous :

42-3(03)×917× et sous 4917-3(03)×2×. Un dictionnaire russe-anglais et anglais-russe. Toutefois, quand on voudra éviter des duplicata, on devra toujours classer la notice, qui ne serait établie qu'en exemplaire unique, sous le nombre classificateur qui se présente le premier dans la série des Tables, soit dans l'exemple ci-dessus, à la philologie anglaise 42-3, de préférence à la philologie russe 4917-3.

Par application de ces règles, les dictionnaires Esperanto nationaux, qui sont destinés à apprendre l'Esperanto aux nationaux des divers pays devront naturellement être classés à la philologie esperantiste sous 4.0892-3, avec indication, à la subdivision commune (03), de la subdivision de la langue complémentaire ou des subdivisions de ces langues, s'il s'agit de dictionnaires en plus de deux langues. Ainsi, on écrira, en complétant plus ou moins la subdivision (03) selon la nature du Dictionnaire considéré, grand, moyen, ou petit :

4.0892-3(03)×4× Dictionnaire Esperanto à l'usage des Français.

4.0892-3(03)×2-3-4× Dictionnaire Esperanto à l'usage des Anglais, des Allemands et des Français.

4.0892-3(032)×2-3-4-917-985× Petit dictionnaire Esperanto à l'usage des Anglais, des Allemands, des Français, des Russes et des Polonais (Universala Vortaro de Zamenhof).

Pour un dictionnaire de la langue esperanto, en esperanto, on pourra écrire simplement 4.0892-3, ou encore 4.0892-3(03)×12× si on veut spécifier plus complètement qu'il s'agit d'un dictionnaire esperanto-esperanto.

4.0892-4 **Synonymes. — Homonymes.**

4.0892-5 **Morphologie. — Grammaire. — Syntaxe.**

Les ouvrages généraux qui concernent, à la fois, l'orthographe, la prosodie et la grammaire seront classés ici.

-51 Grammaire en général.

Pour la formation des mots, voir-2 Etymologie.

-52 Syntaxe en général.

-53 Syntaxe de la proposition en Esperanto. — Ordre des mots dans la proposition. — Construction des phrases.

4.0892-54 Syntaxe des diverses espèces de propositions.
-541 Propositions principales.
-542 Propositions subordonnées.
.1 Complétives, à mode personnel, á mode infinit.r.
.2 Circonstancielles. — Causales, finales, consécu tives, temporelles, concessives, comparaitves, conditionnelles.
.3 Relatives.
.4 Interrogations directes et indirectes.
-55 Noms ou substantifs. — Formes nominale diverses.
-551 Genres.
.1 Masculin.
.2 Féminin.
.3 Neutre.
-552 Nombre.
.1 Singulier.
.2 Pluriel.
-553 Cas.
.1 Nominatif.
.11 Sujet.
.12 Attribut.
.4 Accusatif. — Régime.
.41 Complément direct.
.42 Complément indirect.
.43 Compléments circonstanciels. — Temps. Lieu. Prix. Mesure.
.44 Compléments déterminatifs. — Apposition. — Épithète. — Qualités.
-557 Différentes sortes de noms.
.1 Noms communs.
.2 Noms propres.
.3 Noms de jours, de mois, de saison etc.
(Pour les noms de nombre, heures et dates, voir -59).
-56 Adjectifs et formes adjectives. — Articles. — Degrés de comparaison.
(Pour les adjectifs déterminatifs, voir -57).
-561 Articles.
.1 Article défini.
.2 Élision.
.3 Article démonstratif.

4.0892-561.4 Article indéfini.
.5 Article partitif.
-562 Adjectifs qualificatifs. — Accord, pluriel et accusatif.
.1 Positifs. — Épithète. — Attributs. — Forme adverbiale.
.2 Comparatifs de supériorité et d'infériorité.
.3 Superlatifs, relatif, comparatif, absolu.
-57 Adjectifs déterminatifs et pronoms.
-571 Pronoms personnels, sujets et compléments.
-572 Pronoms réfléchis.
-573 Adjectifs et pronoms possessifs.
-574 Adjectifs et pronoms démonstratifs.
-575 Adjectifs et pronoms interrogatifs, relatifs et exclamatifs.
-576 Adjectifs et pronoms indéfinis.
(Pour les adjectifs numéraux, voir -59).
-58 Verbes. — Formes verbales.
-581 Nom verbal. — Espèces de verbes.
.1 Transitifs.
.2 Intransitifs.
.3 Réfléchis. — Pronominaux.
(Pour les voix, voir-587 et pour les verbes composés -588).
-582 Auxiliaire.
-583 Personnels.
-584 Impersonnels.
-585 Temps.
.1 Présent.
.2 Passé. — Parfait, imparfait, plus-que-parfait.
.3 Futur.
-586 Modes.
.1 Indicatif.
.2 Conditionnel.
.3 Impératif et Impératif-Subjonctif.
.4 Subjonctif.
.5 Infinitif.
(Pour les participes, voir -589).
-587 Voix.
.1 Active.
.2 Passive.

4.0892-588 Aspects. Verbes composés, fréquentatifs, couratifs etc.
.1 Verbes en *igî* et *iĝi*,
.2 Verbes en *adi*.
-589 Participes. — Gérondiaux. — Temps et voix.
.1 Participes présents.
.11 Actifs en *anta*.
.12 Passifs en *ata*.
.2 Participes passés.
.21 Actifs en *inta*.
.22 Passifs en *ita*.
.3 Participes futurs.
.31 Actifs en *onta*.
.32 Passifs en *ota*
-59 Autres formes de mots.
-591 Mots de nombre. — Adjectifs numéraux.
.1 Cardinaux.
.2 Ordinaux.
.3 Fractionnaires.
.4 Multiplicatifs.
.5 Collectifs.
.6 Distributifs
.7 Indication des heures.
.8 Indication des dates.
(Voir aussi -5543).
-592 Adverbes. — Formes adverbiales.
.1 Manière.
.2 Lieu.
.3 Temps.
.4 Quantité.
.5 Interrogation.
.6 Négation.
-593 Conjonctions et interjections.
.1 Coordination.
.2 Subordination.
.3 Interjection.
-594 Prépositions.
.1 Lieu.
.2 Temps.
.3 Cause, motif, intention.
.4 Manière.

4.0892.594.5 Moyen, instrument.

.6 Objet, mesure.

.7 Indéterminée, préposition *je*.

(Pour les Prépositions préfixes (Voir -221).

4.892-6 Prosodie. — Métrique. — Versification.

Les manuels de versification et les dictionnaires de rimes sont classés ici, avec addition de la subdivision de forme (02) ou (03).

-61 Quantité et accent.

-63 Pieds.

-64 Figures de prosodie.

-65 Mètres.

-66 Rimes.

-67 Strophes et antistrophes.

4.0892-7 Dialectes. Patois. — La langue aux diverses époques.

Voir l'annotation générale portée sous 4 D dans l'édition du Manuel de 1905.

On pourra, d'après les indications de cette note, spécifier, à l'aide des subdivisions par 0 « », les variations qu'à subies la langue au cours de sa création et les projets de réforme dont elle a été l'objet à différentes époques.

Exemple : 4,0892-70« 1894 » Projets de réforme de l'Esperanto de 1894.

[On pourra ainsi spécifier, à l'aide de la subdivision 02, suivie de l'indication entre parenthèses du nom donné à la modification proposée, les projets qui ont été présentés sous divers noms.

Exemple : 4,0892-702 (Excelsioro).]

-79 Développement de la langue : diffusion, propagation, frontière linguistique, recul ou progrès de la langue parlée.

[On pourra classer, sous cette rubrique, les documents d'un caractère technique relatifs au développement de la langue, qui ne trouveraient pas naturellement place dans l'histoire de la langue sous 4.0892(09) c'est-à-dire que l'on devra classer de préférence ici ce qui concerne l'histoire de la philologie de la langue, au point de vue, par exemple, de la transformation des conceptions scientifiques qui s'y rapportent, ou des frontières géographiques par opposition avec l'histoire même de la diffusion de la langue et des ordonnements qui s'y rattachent, à classer sous 4.0892(09).

-8 Etude et enseignement de la langue.

On classe, sous cette section, non seulement les écrits relatifs à l'étude et à l'enseignement et aux sujets indiqués ci-après, mais aussi les ouvrages établis pour cet usage, en ajoutant alors, pour ces derniers, la division de forme (075).

4.0892-80 Généralités.

-801 Méthodes diverses pour l'étude de la langue, méthodologie et pédagogie de l'Esperanto.

-803 Traductions.

Questions théoriques seulement, les traductions mêmes étant classées, comme il est dit plus loin, soit sous 8 (A-Z) 7 (A-Z) 03 soit sous -883

-81 Livres pour apprendre à lire.

-82 Premières leçons. Méthodes. Grammaires élémentaires. Thèmes et versions. Exercices gradués.

-825 Leçons de conversation.

-83 Erreurs de langage. Locutions vicieuses. Usage des mots propres.

-86 Lectures élémentaires.

-87 Choix de lectures d'auteurs divers. Anthologie [ces divers ouvrages peuvent aussi être classés par duplicata à la littérature sous 8.]

-88 Textes classiques et textes choisis d'auteurs particuliers. Ouvrages séparés, originaux ou traductions.

Ces ouvrages ne seront classés ici que par duplicata, leur classement en ordre principal, étant sous les subdivisions par langues, de *8 Littérature*.

Ils seront tous classés d'ailleurs par noms d'auteurs et ce sous-classement s'obtiendra en rattachant, à cet indice 4.0892-88, par l'intermédiaire du signe de relation (:), l'indice de cette subdivision voulue de 0. (Voir *Observations générales*, sous 8 D).

On pourra ainsi, à l'aide de ce second indice, grouper les œuvres par origine et langue et distinguer les œuvres originales, écrites en Esperanto et les traductions, soit qu'il s'agisse d'une œuvre écrite originairement en une autre langue et traduite en Esperanto, soit qu'il s'agisse d'une traduction inverse d'une œuvre composée originairement en Esperanto et traduite en une autre langue.

Si par suite du grand nombre des documents réunis on désire en subdiviser le classement d'après leur nature, (textes originaux ou traductions sous forme de versions ou de thèmes) avant de les sous classer par langues, on pourra recourir aux subdivisions suivantes établies d'aprés celles des tables de classement des œuvres des auteurs. (Voir sous 8 K).

-881 Texte original en Esperanto.

-882 Double texte (en Esperanto et une autre langue).

-883 Traduction sans texte original.

-883.1 Traduction de l'Esperanto dans une autre langue.

-883.2 Traduction d'une autre langue en Esperauto.

-89 Écrits divers relatifs aux examens sur la langue.

41 PHILOLOGIE GENÉRALE

On rappelle que l'on ne doit classer, dans cette division, que les ouvrages qui traitent de la comparaison entre diverses langues, au point de vue général, ou d'une question spéciale de linguistique, envisagée également d'une manière générale et en dehors de l'application à une langue déterminée.

On pourra, toutefois, avoir à classer, sous cette division, des ouvrages traitant des questions connexes, concernant l'Esperanto ou d'autres langues artificielles, conjointement avec d'autres langues usuelles, mais il sera bon alors d'établir des références à ces diverses langues.

On devra se reporter aux Tables de l'édition 1905 pour le développement de cette division 41.

42-49 PHILOLOGIE SPÉCIALE DES LANGUES USUELLES

On devra également se reporter aux Tables de l'édition de 1905 pour le développement de ces divisions, dont on reproduit seulement, ci-dessous, une nomenclature abrégée, limitée aux langues qui se rencontrent le plus souvent.

42 **Anglais.**
429. **Anglo-Saxon.**
43 **Allemand.**
439. **Langues germaniques.**
.1 Langues germaniques occidentales
.3 Néerlandais.
.31 Hollandais.
.32 Flamand.
.4 Bas allemand.
.5 Langues scandinaves ou norroises en général.
.6 Irlandais. Langue des îles Feroë.
.7 Suédois.
.81 Danois.
.82 Norvégien.
.9 Langues gothiques.

439.44 **Français.**

440. *Dialectes et formes primitives du français* (à distinguer par l'indice de lieu).

Exemple : 440 (44-26) Picard.

449. **Provençal.**

449.9 **Catalan.**

45 **Italien**

459. **Roumain ou Moldovalaque.**

46 **Espagnol**

469. **Portugais.**

47 **Latin** (classique)

479. **Langues italiques en général** (anciennes et modernes).
Idiomes et dialectes.

479.5 Langues romanes en général.

48 **Grec** (classique).

489. **Langues helléniques et dialectes grecs en général.**

489.9 Grec moderne.

491. *Langues indo-européennes, indo-germaniques ou aryennes.*

.1 **Langues indiennes en général.**

.2 **Indien ancien. Sanscrit.**

.3 **Indien moyen. Idiomes indous populaires.**

.4 **Indien moderne. Langues néo-hindoues.**

.43 Hindi (Hindoustani, etc.).

.5 **Langues iraniennes** (Persan, Arménien, etc.)

491.6 **Langues celtiques.**

.62 Irlandais.

.63 Écossais.

.65 Rameau breton, britannique ou Kimrique.

.66 Armoricain ou bas-breton.

.69 Langues ibériennes (Basque, etc.)

.7 **Russe.**

.71 Grand russe ou russe proprement dit.

.72 Russe blanc.

.79 Ruthène (petit russe).

.8 **Langues slaves** (autres que le russe).

.81 Bulgare moderne.

.82 Serbo-croate.

.85 Polonais.

.86 Tchèque de Bohème.

491.9 **Langues lettes. Langues baltiques.**
(Borussien, Lithuanien, Livonien, etc.)

.99 **Autres langues indo européennes**
(Albanais, Étrusque).

492. **Langues sémitiques.**
(Araméen, Chaldéen, Syriaque, Phénicien, etc.)

.4 Hébreu classique.

.7 Arabe.

.8 Langues sémitiques éthiopiennes.

493. **Langues hamitiquesou Kamitiques.**
(Égyptien, Berbère, etc.)

494. **Langues dites touraniennes. Langues ouralo-altaïques.**
Langues tongouses, mongoles, turques ou tartares. Samoyèdes, hongro-finnoises, finno-ongriennes ou ouraliennes et draviniennes.

.511 Hongrois-Magyar.

.52 Finnois du Volga.

.54 Finnois occidental.

.55 Lapon.

495. **Langues de l'Asie** (autres que les précédentes).

.1 Chinois.

.4 Tibétain.

.6 Japonais.

.7 Coréen.

.91 Siamois.

.92 Annamite.

496. **Langues de l'Afrique.**
(Hottentots, Boschimans, Nègres).

497. **Langues de l'Amérique du Nord et du Centre.**
Algonquin, Iroquois, Idiomes de la Sonora, du Texas et du Mexique).

498. **Langues de l'Amérique du Sud.**
(Caraïbe, Idiomes de la région des Andes, des Patagons, etc.)

499. **Langues malayo-polynésiennes et autres.**
(Langues des Négritos, des Papous, de la Malaisie, de Bornéo, de Java, etc. Langues des régions hyperboréennes, arctiques et antarctiques).

8. LITTÉRATURE. BELLES-LETTRES

APPLICATION A L'ESPERANTO

Divisions principales.

80	Littérature en général.
80.88 et 80.89	Littérature des langues artificielles.
82 à 89	Littérature des autres langues en particulier.

Concordances et références.

012	Bibliographies individuelles. Bibliographie.
4	Philologie, linguistique.
92	Biographies.

Observations préliminaires.

On a jugé utile de reproduire ci-dessous, *in extenso*, les *Observations générales* placées en tête de cette division 8 des Tables de classification, dans l'édition de 1905 du Manuel, avant de faire connaître les *Observations particulières* concernant spécialement l'application des Tables aux œuvres littéraires écrites en Esperanto, car ces observations particulières doivent fréquemment se référer aux règles mentionnées dans ces observations générales, dont elles ne sont que la déduction.

En outre, au lieu de donner, comme exemple, le développement de la division 84 *Littérature française*, on a donné le développement de la division 8.0892 qui, ainsi qu'on le verra plus loin, représente le nombre qu'il convient d'adopter pour représenter la littérature de l'Esperanto.

Observations générales.

A. — Extension de la rubrique. — On ne classe ici que la littérature *stricto sensu*, c'est-à-dire les *œuvres littéraires* proprement dites sous leurs diverses formes : originaux, traductions, résumés, adaptations et tous les *écrits* sur les œuvres littéraires : histoire, critique, polémique, commentaire, etc.

La littérature *lato sensu* comprend l'ensemble des œuvres écrites dans chaque langue. Dans la Classification bibliographique décimale, on classe au sujet spécial toutes les œuvres qui traitent d'une matière déterminée, quelle que soit la langue en laquelle elles sont composées. Toutefois, lorsque, parmi les travaux relatifs à un même sujet, il y a intérêt à introduire un sous-classement, d'après la langue en laquelle les travaux sont écrits, on fait usage des subdivisions de la Table III, *Subdivisions communes de langues.*

On classe aussi, à la division 8, les écrits sur des ensembles d'œuvres littéraires : littérature d'une langue, d'une époque, d'un même genre littéraire.

B. — Bases de classement. — Les éléments caractéristiques qui peuvent servir de bases au classement des œuvres littéraires sont les suivants :

L'œuvre en elle-même ; sa langue, son genre littéraire (roman, théâtre, poésie, etc.); le sujet y est développé, si l'œuvre met en action un événement historique ou si elle expose, défend ou combat une thèse scientifique, morale, religieuse, philosophique, sociale ou artistique (pièces de théâtre relatives à Napoléon, romans à tendance socialiste, etc.).

La date et le lieu de publication de l'œuvre;

L'écrivain; son nom, sa nationalité ;

Les *écrits suscités par l'œuvre,* soit les avatars divers de l'œuvre (éditions successives, éditions annotées, traductions, résumés, adaptations, suites, etc.); soit les écrits sur une œuvre (exégèse, commentaire, histoire littéraire, analyse, critique, compte-rendu, bibliographie).

C. — Classement en ordre principal. — Les œuvres littéraires sont classées :

D'abord d'après la *langue* (classement identique à celui de la Philologie) ;

Puis d'après le *nom des écrivains* ou le titre des œuvres, si elles n'émanent pas d'un auteur individuel ou si l'auteur est anonyme (classement par ordre alphabétique) ;

Enfin d'après la *nature* de l'écrit considéré (classement identique à celui des écrits relatifs à un même auteur, émanant de lui ou concernant ses œuvres, qui est en usage dans le répertoire alphabétique des auteurs et qui est reproduit ci-après). Ex. :

84 (Molière 3,03=3) Traduction allemande des œuvres choisies de Molière

Ce mode de classement permet de centraliser, tant dans les répertoires bibliographiques que sur les rayons des bibliothèques, d'abord toute la littérature de même que la langue et ensuite tout ce qui concerne un même écrivain. Il obvie aux inconvénients du classement par genre littéraire, dans lequel l'appréciation personnelle de l'indexeur a une part trop grande pour qu'il puisse servir de base à un classement fixe et centralisé.

D. — Classement par duplicata*. — Ce premier classement est éventuellement complété par deux autres classements par duplicata, l'un au *genre littéraire* de l'écrit, l'autre au *sujet traité* par l'œuvre.

Le classement par duplicata au *genre littéraire* est fait, sous la littérature de chaque langue, à la division propre à chaque genre littéraire exprimée par les divisions -1, -2, -3, etc., et ensuite à la date à laquelle remonte la publication ou la composition de l'écrit. Le sous-classement se fait ensuite d'après le nom de l'auteur et le titre de l'écrit. Ex. :

84-3 « 1903 » Littérature française — Romans — parus en 1903 —
(Durand Albert)-La Folle.

Le classement de cette espèce a pour but de faciliter l'étude de l'histoire de la littérature, en faisant retrouver immédiatement, dans un ordre chronologique, tout le développement d'un même genre littéraire. En conséquence, il n'y a lieu de faire un tel classement, par duplicata, que pour l'édition princeps de chaque œuvre littéraire elle-même, et non pour les éditions suivantes, non plus que pour les avatars divers de l'œuvre (traductions, abrégés, etc.), ni pour les écrits de critique et d'histoire littéraire qui s'y rapportent. Ces derniers peuvent être facilement retrouvés, une fois l'œuvre principale connue, soit dans le classement par œuvres littéraires, soit dans le répertoire par noms d'auteurs.

**Nota*. — On admet, en ce qui concerne spécialement la mise en place matérielle ou le placement des ouvrages et volumes de bibliothèque, consacrés à la littérature, que le classement, en ordre principal, du Répertoire par ordre de matières (Répertoire idéologique) est fait, dans chaque subdivision de la littérature par langue, directement par nom d'auteur et daté, comme le classement du Répertoire par noms d'auteur (Répertoire onomastique).

C'est là le classement général adopté pour le Répertoire universel, mais on peut aussi convenir, pour des bibliothèques particulières ou spéciales, de substituer, à ce classement type, un classement dit *par préférence personnelle*, obtenu en adoptant l'un des modes de classement par duplicata indiqués ci-après. On peut utiliser, pour ce nouveau classement, les fiches préparées pour le classement général, car elles portent, comme il sera indiqué plus loin, les deux séries d'indices pour permettre de choisir celui que l'on préfère utiliser. Mais il est toujours préférable, surtout dans un Répertoire destiné au public, d'établir des duplicata des fiches, afin de pouvoir en effectuer concurremment le classement sous les diverses rubriques adoptées.

Le classement, par duplicata, au *sujet traité* est fait sous la division propre à ce sujet, subdivision générale de forme (0 :...) suivie de la division propre à chaque langue et genre littéraire. Ex. :

...(0:84-3) La matière —traitée sous forme de —roman français.
335(0:84-3) Roman français à tendances socialistes.

Un tel classement n'est effectué que pour les œuvres dont le sujet est nettement caractérisé et qui peuvent être considérées comme une véritable contribution à l'étude ou à la vulgarisation d'un sujet.

E. — Division par langues.— La division des littératures par Langues concorde avec celle de la division 4 *Philologie* et avec les divisions de la Table III *Subdivisions communes par langues* Les nombres de cette dernière table, après suppression du signe de langue = ou ×× sont ajoutés simplement à la suite du chiffre 8 *Littérature* sauf l'exception introduite pour les langues artificielles. (Voir page 7). Ex. :

=	Subdivision de langues	4	Philologie	8	Littérature
= 4	Français	44	Phil. franç.	84	Litt. franç.
= 5	Italien	45	Phil. ital.	85	Litt. ital.

Pour la formation des nombres classificateurs propres aux diverses littératures, on se reportera à la division 4 Philologie.

F. — Divisions par genres littéraires. — Les subdivisions par genres littéraires sont uniformément les mêmes pour la littérature des diverses langues. Afin d'éviter toutes les difficultés de classement, on s'est borné aux genres littéraires qui sont nettement délimités. Ex. :

-1 Poésie.
-2 Théâtre. Art dramatique.
-3 Roman. Conte. Fiction. Feuilleton.
-4 Essais.
-5 Éloquence. Discours.
-6 Art épistolaire. Lettres.
-7 Satire. Humour.
-8 Mélanges. Miscellanées.

Pour former les divisions par genres littéraires, on ajoute simplement les nombres du tableau précédent à la suite du nombre classificateur de la littérature de chaque langue, en ayant soin de séparer par un tiret les deux parties du nombre. Ex. :

8 Littérature.
84 Littérature française.
84-1 Poésie française.
85 Littérature italienne.
85-1 Poésie italienne.

Le développement complet de la classification par genres littéraires est donné plus loin sous la division 8.0892 On empruntera à cette dernière division les nombres nécessaires au classement des autres littératures.

G. — Divisions par époques. — Les divisions par époques sont formées à l'aide de la Table IV *Subdivisions communes de temps*, dont on ajoute les divisions par date à la suite de la division par genre littéraire. On emprunte la division par date au millésime de publication des ouvrages transcrits sur la notice bibliographique elle-même. Ex. :

84-1 « 1898 » Littérature française -poésie- œuvres publiées en 1898
85-3 « 1875 » Littérature italienne -romans- œuvres publiés en 1875
85-3 « 1878 » Littérature italienne -romans- œuvres publiés en 1878

H. — Classement des écrits sur l'histoire littéraire. — La critique et l'histoire littéraire peuvent concerner :

1° L'œuvre de plusieurs auteurs :

a) Soit la *Littérature entière* de toutes les langues, ou d'une seule langue ;

b) Soit un *genre littéraire* en particulier considéré dans la littérature de toutes les langues, ou dans la littérature d'une seule langue.

Dans l'un et l'autre cas, on peut envisager toutes les époques ou une époque déterminée.

2° L'œuvre d'un auteur :

a) Soit l'œuvre littéraire d'un auteur dans son ensemble ;

b) Soit les œuvres d'un même genre d'un auteur ;

c) Soit enfin une œuvre littéraire particulière.

L'histoire littéraire générale, soit de toute une littérature, soit d'une époque, soit d'un genre, est classée dans le répertoire des matières avec le sujet correspondant suivi de la subdivision analytique 09 *Histoire et critique littéraire*, Ex. :

84 Littérature française.
84.09 Histoire de la littérature française.
84-1 Poésie française.
84-1.09 Histoire de la poésie française.
85-1.09 Histoire de la poésie italienne.

La division 09 peut à son tour être divisée par périodes au moyen des subdivisions communes de temps. Ex. :

85-1.09 « 18 » Histoire - de la poésie - italienne - au XIXe siècle.

I. — Œuvres littéraires sans nom d'auteur. — Les œuvres particulières qui ne portent pas de noms d'auteur sont classées alphabétiquement au premier mot de leur titre, au genre littéraire et à l'époque correspondant à l'œuvre. Ex. :

84-1 « 08 » Chanson de Roland.

Les recueils d'œuvres de plusieurs auteurs sont classés à 8 (082) ou à la littérature ou au genre littéraire correspondant. Ex. :

8-1 (082) Recueil des poésies les plus célèbres parues dans toutes les littératures.

J. — Recueil d'œuvres littéraires de plusieurs auteurs. — Les œuvres de plusieurs auteurs concernant plusieurs sujets ne sont pas classées avec la littérature, mais à la division principale 082 *Polygraphies.*

K. — Sous-classement des écrits concernant un même écrivain ou un même ouvrage. — Les œuvres littéraires d'un même auteur, classés alphabétiquement à la littérature de chaque langue, et les écrits sur ces œuvres sont sous-classés d'après le tableau suivant. Les divisions de ce tableau ne sont utiles que lorsque les ouvrages relatifs à un auteur sont nombreux. Elles sont inscrites après le nom de l'écrivain dans la parenthèse. Ex. :

84 (Molière 1.06) Étude littéraire sur Molière.

Facultativement et pour des classements individuels, on peut classer, seulement d'après l'ordre chronologique de publication, toutes les œuvres particulières d'un auteur dont les écrits sont peu nombreux et ont donné lieu à peu de critiques.

Tableau de classement

(Indices à inscrire dans la parenthèse).

(0) **Ouvrages généraux concernant l'écrivain**

(01)

(02) Manuel, traité, guide.

(03) Dictionnaire, lexique, index, vocabulaire.

(04) Conférence.

(05) Revue.

(062) Société.

:012 Bio-bibliographie.

:92 Biographie.

0 ***Subdivisions analytiques communes.***

Ces subdivisions sont applicables aux divisions suivantes, 1 à 9, mais on doit faire attention à ne les placer, s'il y a lieu, que dans la parenthèse et après les titres des œuvres, notamment pour la division 8 *Œuvres particulières*. Ex. :

84 (M-7-T-03×5×) Traduction — en italien — du Tartufe — de Molière.

01 Édition dans la langue originale.

02 Édition dans la langue originale et une autre langue. Édition en double texte.

03 Traduction des œuvres.

Il sera loisible de diviser davantage d'après le tableau suivant :

031 Œuvres composées originairement dans la langue considérée et traduites en une autre langue. (Thèmes pour les nationaux.)

.1 Traductions faites directement de la première dans la seconde langue.

.2 Traduction faite par l'intermédiaire d'une troisième langue.

032 Œuvres composées originairement en une autre langue et traduites dans la langue considérée. (Versions pour les nationaux).
A subdiviser comme 031.

04 Adaptation et imitation.

05 Paraphrase. Sommaire. Résumé. Abrégé.

06 Histoire et critique littéraire. Compte-rendu critique Commentaire. Analyse.

07 Critique des textes.

Classement des œuvres

1 Œuvres complètes. Étude sur l'œuvre complète.

2 Œuvres partielles de l'auteur. Éditions comprenant deux ou plusieurs œuvres.

3 Œuvres choisies de l'auteur : Anthologie, collection, extraits, fragments, mélanges.

4 Œuvres d'autrui (sur lesquelles l'auteur à travaillé) et œuvres collectives.

Chacune des subdivisions suivantes qui sont basées sur l'espèce de collaboration effectuée par l'auteur est subdivisée à son tour, d'après les œuvres d'autrui nommément désignées par nom d'auteur et par titre ou par titre seulement s'il s'agit d'œuvres anonymes ou collectives, telles que les collections et périodiques.

Ce classement est fait ici par duplicata, les œuvres élaborées étant, en ordre principal, classées au nom de l'auteur d'origine et à la subdivision correspondante de ses œuvres.

41 Œuvres d'autrui traduites.

42 Œuvres d'autrui rééditées, annotées, complétées (Anfhologies).

43 Œuvres d'autrui résumées, paraphrasées.

44 Œuvres d'autrui analysées et critiquées.

45 Œuvres collectives dirigées par l'auteur, revues, collections, journaux, dont il est le directeur ou le rédacteur en chef.

46 Œuvres collectives dirigées par autrui et auquelles l'auteur collabore.

On classe ici seulement le titre de ces œuvres. Les articles eux mêmes sont traités comme des œuvres distinctes et classés sous les divisions quelles concernent ou portées sous 7 comme œuvres particulières, ainsi qu'il est indiqué plus loin.

5 Œuvres anonymes ou pseudonymes attribuées à l'auteur.

6 Œuvres supposées ou publiées sous le nom de l'auteur et qui ne sont pas de lui.

7 Œuvres particulières originales de l'auteur.

A sous classer d'après l'ordre alphabétique du titre de ces œuvres

Exemple :

84 (M. 7 T.) Tartufe de Molière.

84 (M. 7031 T. ×5×) Traduction en italien du Tartufe de Molière.

Il n'est fait ici aucune distinction entre les livres, les articles de périodiques et les articles de journaux écrits par l'auteur.

Facultativement et pour des classements individuels, on pourra établir cette distinction de la manière suivante.

71 Livres.

72 Articles de périodiques.

73 Articles de journaux.

L. — Rédaction des notices. — Le nom de l'écrivain, le titre de l'œuvre, sa date, sont fournis directement par la rédaction des notices bibliographiques elles-mêmes, sans qu'il soit nécessaire de les inscrire à nouveau *in-extenso* dans les indices de classement. Il suffira de les rappeler par la première lettre des mots, soit, par exemple, s'il s'agit d'une édition complète des œuvres de Molière :

84 (M. 1).

S'il s'agissait d'une œuvre particulière, la lettre initiale de l'œuvre serait rappelée à la suite de la division commune 7 *Œuvre particulière*. Ex. :

84 (M. 703-M ×2×) Traduction — en Anglais — du Malade imaginaire — de Molière.

S'il s'agit d'un écrit *sur* une œuvre, on procédera de la même manière mais on aura soin, dans le texte de la notice bibliographique, de souligner le nom de l'auteur et d'écrire le titre de l'ouvrage en italique Ex. :

DUVAL, Pierre	84 (M. 7 M. 44)
1904. — Étude critique sur le *Malade imaginaire* de Molière.	

M. — Subdivisions communes de formes et de généralités.— Pour les généralités de chaque littérature, on se sert des subdivisions de généralités et de formes (Table I des subdivisions communes). Ex.:

84 (05) Revue de littérature française.
85 (062) Société littéraire italienne.

N. — Autres classements par duplicata. — Outre le classement par duplicata des éditions princeps des ouvrages au *sujet traité* et au *genre littéraire*, ainsi qu'il est expliqué plus haut sous D, il est possible, pour des besoins individuels, d'établir des répertoires classés d'après d'autres bases et notamment d'après les bases suivantes:

1. *Répertoire général par langue des écrits.*— Aussi dénommé Répertoire d'histoire littéraire et établi sans distinction entre les œuvres littéraires et celles qui traitent de divers sujets d'art, de science, d'histoire, etc. Voir ce qui a été dit sous 4 *Philologie.*

2. *Répertoire général par nationalité des écrivains.* — Classé géographiquement, puis alphabétiquement, il concentre sous le nom d'un auteur tout ce qui émane de lui, et, facultativement, pour des classements individuels, on peut y joindre tout ce qui a été écrit sur cet auteur dans ses rapports avec diverses questions, sa biographie et tous les écrits relatifs à ses diverses œuvres. Le sous-classement est fait d'après la Table des subdivisions relatives aux écrits d'un même auteur ou à une même œuvre.

3. *Répertoire général par sujets.*— Facultativement et pour des classements individuels, on peut sous-classer, sous les divers genres de chacune des littératures, les œuvres littéraires par le sujet dont elles traitent. Ex.:

84-2 : 335 Théâtre français. Pièce traitant du socialisme.
84-3 : 335 Roman français. Roman traitant du socialisme.

4. *Répertoire général par lieu de publication des ouvrages.*— Par duplicata ou dans des répertoires particuliers, on peut aussi distinguer, parmi les œuvres littéraires écrites dans la même langue, celles qui ont été publiées dans les divers pays. Ainsi par exemple, on peut former les subdivisions.

87.	Littérature latine.
87 (44)	Ouvrages latins d'auteurs modernes de nationalité française.
87-1	Poésie latine.
87-1 (84)	Ouvrages des poètes latins modernes de nationalité française.
83.93 (493)	Littérature belge d'expression flamande.

84(493)	Littérature belge d'expression française.
84(494)	Littérature suisse d'expression française.

Dans cet exemple, les notations des 2e et 3e lignes indiquent qu'il s'agit d'œuvres de littérature françaises publiées à l'étranger et supposées, par suite, écrites par des étrangers.

5. *Répertoire par formes.* — On peut enfin, ainsi qu'il est dit dans les *Observations générales* sous O, établir des répertoires par formes des ouvrages, c'est-à-dire classant ensemble des ouvrages de même type : revues, journaux.

O. — Biographies et monographies littéraires. — Les travaux qui concernent la vie des littérateurs sont classés à la Biographie, au nom de l'auteur, à 92 (A-Z.)

P. — Concordance avec l'édition antérieure des tables. — Les règles de classement qui viennent d'être exposées sont conformes à celles qui ont été appliquées dans l'édition de 1899 de la Classification décimale, sauf sur les trois points suivants :

1° Les divisions par dates, au lieu d'être formées uniformément au moyen des subdivisions communes de temps, donnaient lieu, dans les tables de 1899, pour les littératures importantes, à des subdivisions directes du nombre principal, dont la signification variait de littérature à littérature.

2° Les tables de 1899 attribuaient un nombre spécial à tout écrivain important. Ce procédé, pratique pour le classement d'une bibliothèque, ne pouvant recevoir une application étendue à la bibliographie, a été abandonné ;

3° Les combinaisons de nombres avaient reçu dans l'édition de 1899, une extension limitée, par le fait que les éléments composant les rubriques : *Littérature de telle langue* et *tel genre littéraire* étaient soudés l'un à l'autre au lieu d'être isolés par un tiret comme dans la présente édition. Dès lors, les subdivisions par genre ne pouvaient être appliquées sans confusions à un grand nombre de littératures secondaires.

Les modifications introduites en ce qui concerne ces trois points ne portent, en réalité, que sur une différence d'écriture des nombres classificateurs et sur l'abandon des subdivisions ultimes.

Elles ne peuvent apporter aucun trouble sérieux dans les classements déjà réalisés sur la base de l'édition de 1895 des Tables de classification.

Q. — Traductions. — En principe, on classe dans chacune des grandes divisions par langues, aussi bien les œuvres littéraires écrites originairement dans chacune de ces langues, que leur traduction dans les autres langues. On se sert à cette fin des subdivisions de l'œuvre d'un même auteur (Table VII) 03 *Traductions*. Ex. :

84 (Molière — 7 — Mariage forcé — 031 ×12×) traduction — en Esperanto — du Mariage forcé — de Molière, soit, en abrégé, 84 (M-7-M-031×12×).

Conventionnellement, on peut aussi considérer ces traductions comme de véritables œuvres originales des traducteurs et leur appliquer les règles de classement admises pour les œuvres originales en les rattachant au nom de ces traducteurs. Les notices seront, en ce cas, établies par duplicata.

Pour obtenir une indication complète et puisque toute traduction intéresse deux langues, on sera ainsi conduit, en complètant chaque nombre élémentaire par l'indice de langue convenable, à constituer un nombre composé à l'aide des indices des deux littératures considérées, ces indices étant réunis par le signe + ou superposés et reliés par une accolade. Ex :

82 (S-7-H-031×5×) + 85 (X-41-S-7-H-032-×2×)
ou { 82 (S-7-H-031-×5×)
85 (X-41-S-7-H-032-×2×)

Traduction — en italien — par un auteur X — de Hamlet — de Shakespeare (Traduction directe de l'anglais).

On convient donc, dans ce cas, que l'indice de langues, s'il suit 031, indique la langue dans laquelle la traduction a été faite et s'il suit 032 indique celle de laquelle elle a été tirée.

On peut enfin indiquer aussi l'indexation correspondant au réperoire de langue, si l'on veut pouvoir classer l'écrit dans ce répertoire. Ainsi dans l'exemple précédent, on pourra ajouter l'indice suivant.

×5× : 85 (X-41-S-7-H-032-×2×)

On doit souligner d'ailleurs l'indexation qui doit être utilisée comme classement en ordre principal (voir Manuel sous VIII-233 B).

Enfin, si la traduction n'a pas été faite directement de la langue originale, mais a été effectuée par l'intermédiaire d'une première traduction dans une troisième langue et si l'on veut garder trace de cette traduction première, on pourra, à la suite de l'indice 0312 ou 0322, à employer dans ce cas, indiquer successivement les deux indices des langues, finale et intermédiaire, dans le cas du thème 0312, ou primitive et intermédiaire, dans le cas de la version 0322.

85 (X-41-S-7-H-0322-×2-4×)
82 (S-7-H-0312-×5-4×)
×5×

Traduction — en italien — d'Hamlet — de Shakespeare — par un auteur X qui à fait ce travail sur une première traduction française.

Dans tous ces cas, on peut souligner deux fois l'indice élémentaire qui doit être utilisé pour le *placement* matériel de l'ouvrage considéré sur les rayons de la bibliothèque s'il s'agit matériellement de cet ouvrage et des répertoires de documentation s'il s'agit seulement d'un écrit, le concernant.

8.0 ÉCRITS SUR LA LITTÉRATURE

(Voir le développement sur les tables de 1905).

8.089 LITTÉRATURE DES LANGUES ARTIFICIELLES

(A développer pour, chaque langue, d'après le type donné ci-après pour l'Esperanto).

Observations particulières, spécialement applicables à l'Esperanto

A. — Classement spécial. — Les divisions de la littérature par langues sont obtenues en concordance avec celles de la Philologie en formant les indices par la simple substitution du chiffre 8 Littérature au premier chiffre 4 de Philologie. En appliquant cette règle à la langue Esperanto, dont la Philologie a pour indice 4.0892, on écrira donc :

8.0892 Littérature de l'Esperanto.

Les œuvres littéraires originales, écrites en Esperanto et les écrits les concernant doivent donc être classés sous ce nombre, 8.0892 et l'on a donné plus loin, à titre d'exemple, le développement, *par genre littéraire*, à admettre, pour cette division, par analogie avec la division correspondante des autres littératures.

Ainsi qu'il a été indiqué déjà, en tête de la note préliminaire pour les Tables méthodiques, les subdivisions adoptées, pour ce développement, pourraient servir de types pour subdiviser de même, en cas de besoin, les divisions analogues applicables aux autres langues artificielles, si l'on avait à classer des bibliothèques spéciales se rapportant à ces langues particulières.

On ne devra d'ailleurs, en principe, classer sous cette division 8.0892 que les œuvres originales, de *caractère littéraire* écrites en Esperanto ou les écrits les concernant. Les traductions ou adaptations, dans cette langue, d'œuvres semblables originairement écrites dans d'autres langues, devront, en principe, être classées dans les littératures de ces langues, avec les indications complémentaires voulues pour faire connaître qu'il s'agit de traductions ou d'adaptations en Esperanto.

Des ouvrages *littéraires*, écrits en Esperanto, mais ne constituant que des traductions d'autres langues, se trouveront ainsi reportés avec d'autres ouvrages, dans les différentes divisions de la littérature de ces autres langues.

Il en sera de même d'ailleurs pour les ouvrages, *de science ou autres*, écrits en Esperanto, qui pourront se trouver dispersés, comme classement, dans les diverses divisions des Tables, sauf toutefois pour ceux classés dans la division 4 *Philologie* qui renferme une subdivision spéciale pour l'Esperanto.

Mais si l'on désire, dans une bibliothèque spéciale, classer ensemble, soit les volumes, soit seulement les fiches qui leur correspondent pour toutes les œuvres *écrites en Esperanto* non déjà classées sous 4.0892 *Philologie* et 8.0892 *Littérature* il sera facile d'obtenir ce résultat en appliquant la règle donnée sous la lettre *R*, pour les répertoires bibliographiques par langues, dans les Tables des subdivisions communes (Table III) c'est-à-dire en donnant à ces ouvrages un numéro composé, obtenu en réunissant par le signe de relation (:), la division de langue de l'Esperanto ×12× avec la division correspondant au sujet traité.

C'est ce que l'on sera sans doute amené à faire souvent, par exemple, pour le classement des bibliothèques spéciales des groupes espérantistes.

En établissant, *en duplicata*, les fiches correspondant à ces volumes, on pourra d'ailleurs, facilement, en effectuer le classement simultanément, sous les deux rubriques élémentaires constituant le nombre composé. Il suffira, suivant l'usage, de souligner, pour chacune de ces fiches, la rubrique simple qui doit en déterminer l'ordre de classement.

Si l'on veut enfin, pour le rangement matériel ou placement des volumes eux-mêmes sur les rayons des bibliothèques, adopter la Classification décimale et indiquer, sur les fiches, l'ordre de placement adopté pour ces volumes, on pourra convenir de souligner deux fois la rubrique élémentaire qui correspond à cet ordre de placement.

B. — Traducteurs considérés comme auteurs. — On peut encore, pour des raisons spéciales, désirer réunir sous la division 8.0892 les traductions ou adaptations faites par certains auteurs, dans la langue Esperanto, d'œuvres publiées originairement dans d'autres langues. Dans ce cas, on devra considérer ces traducteurs comme de véritables auteurs esperantistes et classer leurs œuvres, au moins en ordre principal, ainsi qu'il est indiqué plus loin, sous les noms de ces traducteurs sauf, à constituer, à l'aide du signe de relation (:), des nombres composés, comportant comme second indice élémentaire, l'indice correspondant à la littérature de la langue dans laquelle a été écrite l'œuvre primitive.

Ainsi, par exemple, on pourra classer, à la littérature de l'Esperanto et sous le nom Zamenhof, les différentes traductions de pièces de théâtre faites par ce dernier, telles que Hamlet de Shakespeare, Le Réviseur de Gogol. Ex. :

pour Hamlet : 8.0892 (Zamenhof-41-Shakespeare-7-Hamleto-032): 82 (Shakespeare-7-Hamlet-031).
ou par abréviation : 8.0892 (Z-41-S-7-H-032): S-7-H-031).
et pour Le Reviseur: 8.0892 (Zamenhof-41-Gogol-7-La Revizoro-032) : 8.917 (Gogol-7-Le Reviseur-031).
ou par abréviation : 8.0892 (Z-41-G-7-LR-032) : 8.917 (G-7-LR-031.)

C. — Mode de sous-classement à adopter pour les œuvres littéraires espérantistes. — On pourra, suivant les circonstances, faire un choix, pour le classement des fiches des répertoires concernant les différentes œuvres littéraires esperantistes, parmi les différents modes généraux de classement indiqués précédemment : classement en ordre principal ou classement par duplicata (Voir *Observations générales*, sous 8C et 8N).

Mais pour le rangement matériel ou placement des volumes sur les rayons de bibliothèques, si l'on veut appliquer à ce placement les tables mêmes de la Classification décimale, ce qui sera d'autant plus facile que les bibliothèques espérantistes sont forcément toutes de formation récente, on devra, de préférence, recourir au classement par genre littéraire, c'est-à-dire au classement dont le développement se trouvera donné plus loin sous 8.0892, car cette solution établira plus d'harmonie entre le classement des ouvrages esperantistes à rattacher à cette division et le classement de ceux à rattacher aux autres divisions par ×12× et par 4.0892.

Pour permettre d'employer, à volonté, l'un ou l'autre des deux classements, pour les œuvres écrites en Esperanto ou se rattachant à l'Esperanto, on peut convenir que l'on indiquera, sur les fiches consacrées aux Sommaires bibliographiques de ces écrits, les deux indices, classificateurs qui correspondent à ces deux modes de classement, indices que l'on pourra inscrire l'un au-dessous de l'autre, en haut de la partie droite des fiches, à la place réservée habituellement aux indices de classification.

8.0892 LITTÉRATURE ESPERANTISTE

8.0892. (O) **Subdivisions communes de forme et de généralités.**

Ex.: 80.892 (05) Revues de littératures esperantistes.

8.0892. (A-Z) **Œuvres particulières classées par noms d'auteurs.**

Les œuvres littéraires particulières d'un auteur écrites en Esperanto, œuvres originales de cet auteur ou traductions de ses œuvres faites dans d'autres langues, sont classées ici sans distinction de genre, ni d'année.

On classe également ici les écrits sur une œuvre déterminée (Histoire et critique littéraire etc.;) Les subdivisions de cette section s'établissent d'après le tableau de sous-classement donné ci-dessus, page 31, d'après 8 K des Tables de 1905. Ex.:

8.0892 (Zamenhof 1.01) Œuvres complètes de Zamenhof en Esperanto.

8.0892.01 **Esthétique littéraire de l'Esperanto. Philosophie de la littérature esperantiste.**

.08 **Composition littéraire — Rhétorique esperantiste.**

Art d'écrire en Esperanto — Style — Modèles et règles.

.085 **Diction. Art oratoire — Lecture — Théâtre.**

.09 **Histoire de la littérature esperantiste.**

.09-1 Histoire de la poésie esperantiste.

8.0892- **Œuvres particulières, classées par genres littéraires.**

Les divisions sont celles des subdivisions communes par genre littéraire caractérisées par le signe tiret soudure -. Ces subdivisions sont d'ailleurs uniformément applicables à toutes les divisions de 8 *littérature*.

On peut donc avoir le classement suivant :

8-2 Règles de la composition au théâtre en général.
8.0892-2 Littérature esperantiste. — Œuvres théâtrales.
84-2 Littérature française. — Œuvres théâtrales.

Les collections d'œuvres (recueils, anthologies, etc.) d'un même genre littéraire sont classées à la division correspondante, suivie de la subdivision (082) Collections. Ex. :

8.0892-1 (082) Recueil des poésies en Esperanto.

Mais on classera sous 8.0892 (082) la Krestomatio ou recueil de morceaux *divers* en Esperanto.

8.0892-1 **Poésie.**

-12 Genre dramatique.
Voir aussi -2 Théâtre.

-13 Genre épique.
Grande épopée.— Épopée badine.— Épopée pastorale.

-14 Genre lyrique.
Ode. Elégie. Ballade. Romance. Chanson.

-15 Genre didactique.

-16 Genre descriptif.

-17 Genre satirique et humoristique.

-191 Genre allégorique.
Fable. Fabliau. Apologue. Parabole.

-192 Poésie musicale.
Voir aussi -293 Théâtre musical. Libretto.

-192.1 Chanson populaire.

-192.2 Chansonnettes.
Voir aussi -14 Romance.

-2 **Théâtre, littérature dramatique.**
Voir aussi -12 Théâtre en vers.

-21 Tragédie.

8.0892-22 Comédie. Vaudeville.

-23 Drame.

-26 Saynette.

-27 Monologue.

-291 Ancien mystère. Moralité. Sotie. Farce, etc.

-293 Théâtre musical. Libretto.

-293.1 Opéra.

-293.2 Opérette.

-3 Roman. Nouvelle.

(Pour le classement des romans, voir ce qui a été dit sous 8D).

-31 Roman.

-32 Nouvelle.

-34 Conte et légende.

Voir aussi Folklore.

-36 Historiette.

-391 Anciens romans d'amour, moraux, allégoriques, comiques, amusants.

-392 Romans, gothiques et anciens, vulgairement appelés Romans de chevaliers errants ou simplement Romans de chevaliers ou de la Table ronde.

-393 Romans historiques et fabuleux.

-394 Mythographie.

Voir aussi 293 Mythologie.

-4 Essais.

-41 Pamphlets et opuscules de caractère littéraire, mais traitant de sujets philosophiques, religieux, politiques ou sociaux.

On pourra subdiviser ces œuvres en :

-411 Philosophiques.
-412 Religieuses.
-413 Politiques et sociales.

-42

-5 Éloquence.

Discours. Art oratoire. Orateurs. Rhéteurs.

-51 Éloquence judiciaire.

-52 Éloquence de la chaire. Éloquence sacrée.
Sermons, homélies, instructions familières, panégyrique des saints, éloges funèbres.

-53 Éloquence académique et d'enseignement.

80.892-54 Éloquence de la tribune. Discours politiques.

-55 Éloquence militaire.

-56 Allocutions de circonstances : toast, cérémonies officielles.

-6 Lettres.

Art épistolaire, épîtres, correspondance.

-7 Satires.

Humour, épigrammes, parodies.

-8 Miscellanées, Mélanges littéraires, Fantaisies littéraires.

-82 Recueil d'ouvrages de plusieurs auteurs traitant de matières littéraires diverses. Mélanges, collections, extraits, etc.

-83 Dialogues, entretiens, conversations sur différents sujets mêlés.

-84 Maximes, sentences, adages, pensées, proverbes, etc.

-89 Applications littéraires diverses.

-891 Littérature populaire. Ouvrages de vulgarisation.

-892 Littérature des périodiques.

On ne classera ici que les études concernant la littérature spéciale des périodiques. Les périodiques esperantistes eux-mêmes : journaux, revues, etc. ; étant classés sous ×12× (05) et ×12× (06) et le technique des périodiques sous 05.

-893 Littérature pour les enfants.

-894 L'histoire comme genre littéraire.

On ne classera ici que ce qui peut concerner la littérature spéciale des œuvres esperantistes historiques. L'histoire de l'Esperanto sera elle-même classée à 4.0892 (89), 4-19 (09) ou 8.0892 (09) suivant qu'il s'agit de l'histoire de l'œuvre esperantiste, du développement de la langue ou de l'histoire de sa littérature.

-895 La critique des œuvres littéraires esperantistes, défenses, apologie.

-896 La littérature scientifique esperantiste.

-898 Symboles, emblèmes. Devises, attributs. Rébus. Charades. Anagrammes.

82 à 89 LITTÉRATURE DES LANGUES NATIONALES DIVERSES

Toutes ces langues sont à subdiviser comme 84 *Littérature française*, d'après les détails donnés sur le manuel, édition de 1905).

82 **Littérature anglaise.**

83 **Littérature allemande.**

84 **Littérature française.**

85 **Littérature italienne.**

86 **Littérature espagnole.**

87 **Littérature latine.**

88 **Littérature grecque.**

89 **Autres littératures diverses.**

Les divisions sont les mêmes que celles de 49 *Philologie des langues diverses*.

APPENDICE

EMPLOI EN BIBLIOGRAPHIE
DE LA LANGUE INTERNATIONALE AUXILIAIRE ESPERANTO

I

Un répertoire bibliographique universel ne peut avoir un caractère véritablement international que s'il donne la traduction, en une langue acceptée pour l'usage international, du texte complet des notices bibliographiques qui le composent, c'est-à-dire si l'on trouve, dans ces notices, à la suite des titres des écrits, qui doivent évidemment être reproduits dans leur langue originale, la traduction, en langue internationale, de ces titres, ainsi que de toutes les indications ou références qui ont pu y être portées en une autre langue.

En général, si l'on considère des Notices bibliographiques rédigées par un bibliographe d'un pays quelconque, il arrive que, sinon la traduction des titres des écrits, quand ces titres ne sont pas écrits dans la langue de ce pays, du moins les indications et références complémentaires, sont inscrites par lui dans cette dernière langue.

C'est ainsi notamment que, pour la plupart des notices bibliographiques, constituant le prototype du répertoire bibliographique universel, préparé et conservé par les soins de l'Institut international de bibliographie de Bruxelles, les traductions des titres des écrits ou, du moins, les indications et références, de toute nature, qui complètent les notices, ont été rédigées en français.

On pourrait se contenter de les laisser en cet état, si la langue française était acceptée comme langue internationale, ou, du moins, si l'on admettait qu'elle pût être comprise par les travailleurs de tous pays.

Mais s'il n'en est pas ainsi, il faut recourir à l'emploi d'une langue internationale pour compléter la rédaction des fiches et, dans ce cas, l'on pourra admettre que les fiches relevées dans chaque pays, après avoir été rédigées dans la langue même de ce pays, soit par exemple en français par les Français, en anglais par les Anglais, en allemand par les Allemands, etc. devront être complétées, pour chacune d'elles, par sa traduction en langue internationale.

Il suffirait d'inscrire cette traduction au bas ou au verso des fiches d'un répertoire bibliographique, pour que ce répertoire, quelle que fût l'origine des différentes fiches ainsi recueillies, prît un caractère tout à fait international.

II

L'emploi de plus en plus répandu de la langue auxiliaire internationale « Esperanto » permet aujourd'hui de réaliser cette conception et la présente notice a pour but de donner les indications nécessaires pour faciliter l'application de cette langue à la traduction des Notices bibliographiques rédigées en une langue quelconque ou même à la rédaction immédiate, en Esperanto, de ces Notices.

Si l'on admet l'emploi systématique de l'Esperanto, comme langue internationale, on conçoit, en effet, qu'il soit plus avantageux de rédiger immédiatement les Notices en cette langue, qui serait supposée comprise par tous, puisqu'on n'aurait à faire usage, dans ce cas, que de fiches simples, plus faciles à établir que les fiches bi-lingues mentionnées ci-dessus. Dans ces conditions, les Notices bibliographiques comporteraient uniquement un texte en Esperanto précédé toutefois de la reproduction littérale du titre de l'écrit. Ce texte comprendrait donc, après ce titre, la traduction en Esperanto, puis l'énonciation, dans cette même langue, des indications et références bibliographiques qui figurent habituellement dans la rédaction des Notices, y compris, s'il y a lieu, les analyses ou annotations complémentaires de diverses natures à ajouter suivant le genre de Notices considéré.

Ce cas, de l'emploi exclusif de l'Esperanto, pour la rédaction des Notices, est évidemment le seul à considérer, s'il s'agit de la bibliographie même de la littérature esperantiste et si, en outre, il n'est question que de titres d'ouvrages écrits en Esperanto, il n'y aura même pas à faire la traduction de ces titres.

III

Mais une difficulté spéciale se présente, si l'on considère un écri publié dans une des langues étrangères qui ne font pas usage de l'alphabet latin usuel, employé pour l'impression des Notices du répertoire bibliographique universel.

Il ne peut, en effet, être que difficilement admis que l'on sera en mesure de reproduire les titres des écrits de ce genre avec les caractères mêmes de leurs langues respectives, ce qui, du reste, les laisserait souvent illisibles pour un grand nombre de lecteurs ne connaissant pas l'emploi de ces caractères.

On doit admettre que, dans ce cas, on effectuera une simple transcription des titres, en caractères usuels, de façon à donner la possibilité de les lire, en en conservant le plus possible la prononciation.

C'est dire que l'on doit les transcrire en caractères d'un alphabet connu et phonétique. Ainsi énoncée, la question est la même que celle qui se présente pour arriver à la transcription, à l'aide d'un alphabet universel unique, de tous les noms propres et notamment des noms géographiques.

C'est là un problème compliqué, dont la solution pratique n'a pas été réalisée jusqu'à ce jour.

On sait déjà, en effet, que pour exprimer tous les sons des différentes langues, il faudrait un nombre inadmissible de signes, dont il serait d'ailleurs très difficile de fixer la prononciation. Rien que pour les principales langues usuelles, le nombre des caractères devrait être supérieur à 100 et ce nombre augmenterait, hors de toutes proportions, si l'on envisageait les plusieurs centaines de langues diverses qui sont parlées sur la surface de la terre. Mais la langue Esperanto faisant usage d'un alphabet phonétique qui permet déjà de représenter sûrement un grand nombre de sons et cet alphabet pouvant être complété facilement par un certain nombre de signes pour figurer les autres sons principaux qui ne se rencontrent pas dans cette langue, il devient possible de faire usage de cet alphabet ainsi complété, à la condition de se contenter d'une solution approximative et cette solution paraît devoir être, le plus souvent, suffisante dans la pratique.

IV

Il a été proposé* de se contenter d'un premier degré d'approximation, en ne faisant usage exclusivement que de l'alphabet de l'Esperanto et à l'appui de cette proposition, on a invoqué la difficulté de fixer les limites auxquelles on devrait s'arrêter si l'on cherchait à compléter cet alphabet pour rendre certains sons qui n'existent pas dans la langue Esperanto. Il est clair, en effet, que l'on soulèverait ainsi de nombreuses réclamations, de la part de ceux dont la langue ne se trouverait pas, à leur gré, traduite avec assez d'exactitude par le nouvel alphabet. Mais cette solution conduit à des résultats que l'on peut trouver insuffisants pour les langues les plus usuelles, car elle ne permet pas

* Proposition de M. Zakrzewski, de Varsovie (19 mars 1907), reproduite ci-après (Annexe n° 2).

notamment de représenter les sons nasaux, ni l'e sourd du français, ni encore les sons *u* et *eu* qui existent dans cette langue et dans plusieurs autres, sans parler d'ailleurs des différences les plus marquées qui existent dans la prononciation de certaines voyelles, telles que les lettres e et o ouvertes et fermées que l'on peut négliger sans grands inconvénients.

D'ailleurs, pour respecter l'écriture de certains noms propres connus, appartenant à celles des langues les plus usuelles qui emploient les caractères latins (anglais, français, polonais, suédois, etc.) on est conduit à conserver, pour la transcription de ces noms, les lettres latines *x* *y*, *q* qui n'existent pas en Esperanto, ainsi que le *w* anglais, bien que ces lettres ne puissent servir à la transcription phonétique puisque *q* se prononce comme *k*, *x* comme *ks*, *y* comme *i* ou *u*, et *w* comme *v* ou même comme *ou**

En tenant compte, d'autre part, que dans toutes les imprimeries, on peut habituellement trouver les caractères accentués qui sont en usage pour les langues allemande et française, on peut admettre que l'on cherchera à utiliser ces caractères pour venir en aide à l'emploi de l'alphabet de l'Esperanto et arriver ainsi à représenter, un peu plus complètement, les différents sons usuels, au moins pour les langues européennes.

V

C'est la solution qui a été proposée déjà par M. de Beaufront dans un article intitulé : « Des noms propres en Esperanto », publié dans le journal *l'Esperantiste* du mois d'août 1898, article qui ne concerne pas toutefois seulement la transcription des noms propres, écrits en caractères autres que les caractères latins, mais traite aussi de la traduction, en Esperanto, de ceux de ces noms propres que l'on veut *esperantiser*. **

Dans un travail préparé plus récemment et que l'on trouvera reproduit ci-après (Annexe n° 1), M. Gaston Moch a traité la question, au point de vue plus spécial de la transcription phonétique des titres en Esperanto, sans toutefois prendre part, dès maintenant, d'une manière définitive, entre les deux solutions consistent : l'une à compléter, dans une certaine mesure, le phonétique de l'Esperanto, en vue des transcriptions, l'autre à se contenter du degré d'approximation que peuvent fournir les sons et l'alphabet de cette langue.

* Voir les exemples cités dans la note de M. Zakrzewski.

** Voir aussi à ce sujet et pour la bibliographie de cette question, des noms propres en Esperanto, l'article de M. Moch intitulé : *Pri la transkribo de la propraj nomoj en Esperanto* — (Esperantista dokumentaro publié par le *Centra Oficejo*, 51, rue de Clichy. Paris.)

Dans la nécessité de prendre une décision pour la publication des notices bibliographiques de la littérature esperantiste, c'est la première des solutions qu'il indique que nous proposons d'adopter au moins à titre d'essai, pour l'usage bibliographique, c'est-à-dire pour la transcription, sur les notices bibliographiques, des titres rédigés en une langue autre que l'Esperanto et non écrits à l'aide des caractères de l'alphabet latin.

Pour en faciliter l'application, nous donnons ici le résumé synoptique des règles indiquées dans ce travail en recommandant de se reporter, pour plus de détails et en cas d'hésitation, au texte même de ce travail.

Nous signalons enfin que sur les Notices bibliographiques qui seront ainsi rédigées en Esperanto, les titres écrits en langue étrangère, mais en caractères latins, devront être reproduits sans changements, mais comme, dans l'emploi qui en est fait par ces langues étrangères, les caractères de l'alphabet latin n'ont pas toujours la même valeur phonétique qu'ils présentent en Esperanto, il sera utile, afin qu'on ne confonde pas ces titres avec des titres écrits en Esperanto, d'indiquer, par une annotation spéciale, en quels caractères ou en quelle langue ces titres sont écrits, si toutefois les Notices bibliographiques ne renferment pas, d'autre part, une indication suffisante pour fixer le lecteur sur ce point.

Pour simplifier et éviter d'avoir à inscrire ainsi des annotations trop fréquentes, on peut admettre que l'on fera usage de l'annotation [*transcrit de la langue* ..] pour tous les cas où l'on aura fait une transcription à l'aide de l'alphabet phonétique que l'absence de mention de ce genre, signifiera que les titres reproduits dans la langue même de l'écrit ont été transcrits avec les caractères mêmes de cette langue et celle-ci, à moins d'indication contraire, sera indiquée simplement par le lieu d'édition mentionné en référence.

En résumé, on doit donc admettre, pour les notices bibliographiques, deux genres de transcription de titres, savoir : 1° des titres transcrits *littéralement*, avec l'alphabet même des langues qui emploient les caractères latins ou dérivés de l'alphabet latin. On suppose qu'on sait lire ces titres avec la prononciation qui leur convient.

2° Des titres transcrits *phonétiquement* à l'aide d'un alphabet spécial dérivé de l'alphabet esperanto, et qui s'applique aux titres des langues étrangères, écrits en caractères autres que ceux de l'alphabet latin. C'est pour ce cas qu'est spécialement proposé l'alphabet qui suit.

BIBLIOGRAPHIE EN LANGUE ESPERANTO

Tableau synoptique

Des caractères à employer pour la transcription des titres étrangers

Caractères Esperanto	Caractères additionnels pour la transcription phonétique	Caractères additionnels pour la transcription orthographique (1)	Prononciation Française
a	—	—	a (2)
—	**â**	—	an
—	—	**à** (3)	—
—	—	**â**	—
—	—	**ä, æ**	—
—	—	**å**	—
b	—	—	b
c	—	—	tç
ĉ	—	—	tch
—	—	**ç**	—
d	—	—	d
—	**dh**	—	th anglais dans *this* δ grec et z espagnol
—	**d'h**	—	d + h
e	—	—	é (2)
—	**ê**	—	ein, in
—	—	**é**	—
—	—	**è**	—
—	—	**ê**	—
—	**ə ou œ** (4)	—	e sourd dans les voyelles dévocalisées
f	—	—	f
g	—	—	*g* dans *gant*
ĝ	—	—	dj
h	—	—	*h* aspiré
ĥ	—	—	*ch* allemand dans *noch* *j* espagnol
i	—	—	i (2), (5)
—	—	**í**	—
—	—	**î**	—
—	—	**ǐ**	—

OBSERVATIONS

(1). — On n'a indiqué aucune prononciation relative à ces caractères, qui sont employés pour copier aussi exactement que possible des mots de langues à alphabets dérivés du latin.

On remarquera que les voyelles à accent circonflexe n'ont ici qu'une signification purement graphique, tandis que dans la transcription phonétique (2e colonne) elles désignent les voyelles nasales du français, du polonais et du portugais.

D'autre part, on se contentera, dans la transcription orthographique, de l'approximation fournie par l'alphabet Esperanto, complété par les lettres de cette colonne. Par exemple, pour les lettres slaves surmontées d'un accent circonflexe renversé, on se servira des caractères à accent circonflexe, s'il en existe; sinon, on sera amené, sauf dans les imprimeries spécialement outillées, à supprimer l'accent.

De même, l'accent circonflexe remplacera le *tildé* pour les voyelles portugaises et le *t* roumain à cédille sera remplacé par un *t* simple, etc.

(2). — Il n'est pas fait de distinction entre voyelles ouvertes et fermées.

(3). — Le caractère *à* pourra être employé pour représenter l'*a* suédois, à défaut de ce caractère.

(4). — Le caractère ə (e renversé) peut être remplacé par œ.

Caractères Esperanto	Caractères additionnels pour la transcription phonétique	Caractères additionnels pour la transcription orthographique (1)	Prononciation Française	OBSERVATIONS
j	—	—	y (i consonne) (6)	(5). — Le caractère *i* est employé pour transcrire phonétiquement *l'ierri* russe et l'*y* polonais. (6). — La lettre *j* sert à transcrire phonétiquement les sons mouillés, par exemple : allemand : *eu* = oj anglais : *a* long = ej espagnol : ll = lj, ñ = nj français : gn = nj, ien = jô portugais : ñe = êj, nh = nj, õi = ôj russe : ja, je, ji, jo, ju... (7). — La lettre *l* représente aussi la lettre *ł* barrée du polonais. (8). — Lettre destinée uniquement à la transcription orthographique de l'Espagnol. Pour la transcription phonétique, il est préférable de se contenter de l'approximation *nj*, par analogie avec les autres sons mouillés. (9). — Ce caractère représente indifféremment le ö et le ø danois (*eu* ouvert ou fermé). (10). — Ce caractère sert à représenter phonétiquement un grand nombre de diphtongues. Par exemple : allemand : au = aŭ anglais : o long = oŭ ; w devant une voyelle comme dans *water* français : oi = *ŭa*, oin = *ŭê* portugais : ão = *âŭ* (11). — Ce caractère représente aussi phonétiquement le *v* espagnol (bilabial).
ĵ	—	—	j	
k	—	—	k	
l	—	—	l (7)	
m	—	—	m	
n	—	—	n	
—	—	ñ (8)	—	
o	—	—	o (2)	
—	**ô**	—	on	
—	œ (9)	—	eu (2)	
—	**œ̂**	—	un	
—	—	**ò**	—	
—	—	**ô**	—	
—	—	ö	—	
—	—	**œ**	—	
p	—	—	p	
—	—	**q**	—	
r	—	—	r	
s	—	—	ç	
ŝ	—	—	*ch* dans *cher*	
t	—	—	t	
—	**th**	—	th anglais dans *thin* et *mouth*, c espagnol, Θ grec	
	t'h	—	t + h	
u	—	—	ou (2)	
ŭ	—	—	*ou* très bref (10)	
—	ü (2)	—	u français, y scandinave	
v	—	—	v (11)	
—	—	**w**	—	
—	—	**x**	—	
—	—	**y**	—	
z	—	—	z	

VI

Pour faciliter la rédaction des références et autres indications bibliographiques diverses à écrire, en Esperanto, sur les Notices bibliographiques, il était utile de réunir, en un vocabulaire, les termes les plus usuels dont on peut avoir à faire usage.

Un vocabulaire français-esperanto de ce genre, a été donné, en annexe, dans un document préparée par le Bureau bibliographique de Paris, en 1906 sous le titre : *Instruction pour le dépouillement des publications périodiques*. Nous le reproduisons ci-dessous, en le complétant et le rectifiant en certains points.

Tableau de correspondance, en français et en esperanto, des principales expressions employées dans les références bibliographiques.

Français.	Espéranto.	Français.	Esperanto.
album	albumo	libraire	librovendisto
anonyme	sennoma (aŭtoro)	librairie	librejo
auteur	aŭtoro	lithographie	litografaĵo
autographe	aŭtografaĵo	livre	libro
basane	ŝafleda	manuel	lernolibro
broché	broŝurita	maroquin	marokena *ou* kaproleda
brochure	broŝuro	mot	vorto
carte	landkarto	notice	notaĵo
cartonné	kartonbindita	numéro	numero
chagrin	azenleda *ou* azenledigita	ouvrage	verko *ou* libro
collection	kolekto	page	paĝo
continuer (à)	daŭrigota	photographie	fotografaĵo
contribution (à une publication)	helpaparto	planche (cliché)	klisaĵo
date	dato	plaquette	broŝureto
demi-reliure	duonbindaĵo	plat (de volume)	plataĵo (de volumo)
dos	dorso	préface	antaŭparolo
ébarbé	duontranĉita	prix	prezo (*ou* kosto)
éditeur	eldonisto	pseudonyme	pseŭdonoma (aŭtoro)
édition	eldono	publication	eldonaĵo
fascicule	kajero	recto	antaŭa flanko
feuille	folio	référence (bibliographique)	klarigoj
fiche	slipo (*ou* karteto)	relié	bindita
figure (dessin)	figuro (desegnaĵo)	relié en toile	tolbindita
franc	franko	reliure	bindaĵo
format	formato	reproduire (à)	kopiota
gravure	gravuraĵo	rogné	tranĉita
imprimerie	presejo	signe	signo
langue	lingvo	sommaire	resumo

Français.	Espéranto.	Français.	Espéranto.
suite	daŭrigo	traduit en	tradukita(*ou*..igita)
suivre (à)	daŭrigota	traduit en Espe-ranto	esperantigita
supplément	aldono	tranches dorées	orumitaj randoj
texte	teksto	« jaspées	diverskoloraj »
tirage	presaĵo	« marbrées	marmokoloraj »
tome	volumo	« rognées	trancitaj »
traducteur	tradukisto	verso	kontraŭa flanko
traduction	traduko	volume	volumo
traduire	traduki (*ou*... igi)	voir (à)	vidu
traduire en Espe-ranto	esperantigi		

ANNEXE N° 1

NOTE SUR LA TRANSCRIPTION PHONÉTIQUE DES TITRES EN ESPERANTO

PAR M. GASTON MOCH

L'alphabet esperanto se compose des lettres suivantes, qui se prononcent comme en français, sauf les exceptions indiquées entre parenthèses :

A, *b*, *c* (prononcé *tç*), *ĉ* (*tch*), *d*, *e* (*é* ou *è*), *f*, *g* (toujours *gue*), *ĝ* (*dj*), *h* (toujours aspiré), *ĥ* (*ch* allemand dans *noch*, *j* espagnol)) *i*, *j* (*y*), *ĵ* (*j*), *k*, *l*, *m*, *n*, *o*, (*trot* ou *trop*), *s* (toujours *ç*), *ŝ* (*ch*), *t*, *u* (*ou*), *ŭ* (*ou*, très bref, consonne *w* de *tramway*), *v*, *z*.

Pas plus qu'aucun autre, cet alphabet ne suffit pour transcrire phonétiquement tous les sons de la plupart des grandes langues européennes, car beaucoup de ces sons particuliers, difficiles à prononcer pour les étrangers, ont été exclus, à juste titre, de la langue internationale. Il peut donc sembler nécessaire de compléter l'alphabet de cette dernière par quelques signes destinés à figurer les plus importants de ces sons.

La difficulté est de faire un choix entre les sons qu'il est réellement nécessaire de rendre, et ceux pour lesquels on se contentera d'une transcription plus ou moins approximative.

Cette difficulté est d'autant plus grande, que les transcriptions doivent, en principe, être faites par des nationaux de la langue considérée, qui, seuls, ont compétence pour déterminer la prononciation des mots à figurer. Or, ces personnes, sentant les nuances les plus délicates de leur langue maternelle, tendront naturellement à les considérer toutes comme également importantes, et à les exprimer toutes, alors même qu'elles sont fort peu sensibles à l'oreille d'un étranger; dans ces conditions, on serait amené à employer quelque 150 signes distincts, sans même être certain de donner satisfaction à tout le monde. Il ne saurait, ici, être question de rien de tel. Tout ce qu'on peut se proposer, c'est de définir une représentation des principaux sons des langues européennes, en négligeant précisément ceux sur lesquels les nationaux, par purisme, sont souvent le plus disposés à insister, mais qui ne sont que peu ou point sensibles à une oreille étrangère.

Comme exemples de nuances à négliger, on peut citer les suivantes :

La différence entre voyelles ouvertes et fermées (en français, *e*, *o*, *eu* et parfois *a;* nuances analogues, dans d'autres langues, pour les voyelles *i*, *u*, *ü*); *sch* et *ch* allemands après les voyelles *e*, *i*, *ü*; — *v* français (dento-labial) et *v* espagnol (bilabial); — *l* ordinaire et *ł* barré polonais; — on se contentera de *h* et de *ĥ* pour exprimer les diverses aspirations des langues sémitiques; — on négligera complètement le « *ierri* » russe (*y* polonais), imprononçable pour un gosier non slave, et que les langues occidentales ont pris l'habitude de traduire, d'une manière assez approchée, par *i* (exemple : *Crimée*).

Cela posé, les sons dont il semble indispensable d'ajouter la représentation à l'alphabet esperanto sont :

1. *U* français (*ü* allemand, *y* scandinave) à représenter par *ü;*

2. *Eu*, *oeu* français (allemand *oe* ou *ö*, danois *ö* et *ø*, voyelles anglaises des mots *but*, *sir*), représenté par *œ;*

3-6. Les voyelles nasales des langues française, polonaise et portugaise, représentées par *â*, *ê*, *ô*, *œ̂*;

7. Le son anglais *th* dans le mot *this* (δ grec, *z* espagnol) sera figuré par *dh*, en convenant que, si l'on veut représenter l'articulation *d* suivie d'un *h* aspiré, on écrira *d'h*;

8. Pour le son anglais *th* dans *thin* et *mouth* (θ grec et *c* espagnol), on emploiera de même le groupe *th;*

9. Reste un groupe très important de sons analogues entre eux, l'*e* « sourd » français du mot *le* (à ne pas confondre avec l'*e* muet du mot *père*), qui se trouve également en allemand, et auquel on ne peut assimiler les voyelles sourdes, ou « dévocalisées », qui existent dans un grand nombre de langues après la syllabe accentuée; le même signe, inscrit devant un *r*, indiquerait l' « *r* voyelle » slave. Ce son peut se représenter par un ə (*e* renversé), ou à la rigueur, avec une approximation suffisante, par le caractère *œ*.

Dans le cas où l'on voudrait indiquer la place de l'accent tonique, ainsi que les voyelles longues, on écrirait la voyelle accentuée en caractères gras, et l'on intercalerait dans le mot, après toute voyelle longue, le signe « deux-points ». Ce dernier signe est celui qu'emploie l'Association Phonétique Internationale ; il est difficile à faire bien employer par les imprimeries, et on pourrait avantageusement lui substituer le redoublement de la voyelle. Si deux voyelles consécutives identiques devaient être prononcées séparément, on leur interposerait alors une apostrophe.

Bien que l'Esperànto n'admette pas de lettres doubles dans les mots non composés, il convient de les écrire dans les transcriptions phonétiques, car il arrive que deux noms ne diffèrent que parce qu'une lettre, simple dans l'un, est redoublée dans l'autre.

Il est à remarquer que certains noms peuvent arriver déjà défigurés au transcripteur, et qu'il y a lieu, en pareil cas, de les restituer dans la transcription en Esperanto. Tel est le cas, notamment, quand on travaille d'après un ouvrage imprimé en caractères slaves. Soient, par exemple, des localités situées en Russie, mais dans une région où l'on parle une langue autre que le russe, comme les villes de Helsingfors, Dünaburg, Dünamünde; les Russes ne possédant pas les sons *h* et *ü*, les transcrivent toujours respectivement par leurs lettres *g* et *i*, de sorte qu'on lira *Gelsingfors*, *Dinaburg*, *Dinamind*; il est évident que ces noms devront être internationalisés, non d'après cette insuffisante transcription russe, mais d'après leurs formes originales, suédoise pour le premier et allemandes pour les deux autres, ce qui donnera : *Helsingfors*, *Dünaburg*, *Dünamünde*. Ou bien, si l'on est convenu de ne pas transcrire phonétiquement les noms provenant des langues écrites avec l'alphabet latin (ou gothique, ce qui revient au même), il faudra veiller, en dépouillant un texte d'une autre langue, à identifier ces noms et à les reproduire avec leur orthographe originale, sous peine d'aboutir à un désordre général; car autrement, on trouverait pour chacun de ces noms, non pas seulement deux orthographes, l'originale et une provenant de transcription, mais un grand nombre, car tous les auteurs slaves ne transcrivent pas de même. Par exemple, le nom de l'anglais *Buckle* peut se trouver dans un texte russe, transcrit *Bokl*, *Bakl* ou *Bekl*; il est clair que ces trois transcriptions, traduites en caractères latins, le rendent également méconnaissable. On aura le choix entre la transcription plus correcte *Bœkəl* ou *Bœkl*, ou mieux l'orthographe nationale *Buckle*, suivie de sa transcription phonétique.

Cette dernière combinaison, orthographe nationale suivie de la transcription phonétique, est celle qui s'impose pour les langues à alphabet latin ou gothique. Pour les noms de cette catégorie, on inscrira entre deux apostrophes le nom orthographié nationalement; ces apostrophes sont un signe conventionnel, destiné à montrer qu'on se trouve en présence d'un mot qui ne peut pas être prononcé suivant les règles de la langue esperanto. La transcription phonétique suivra, entre crochets. Par exemple : 'Buckle' [Bœkel]; 'Paris' [Pari].

Il va de soi que, si un nom se prononce dans sa langue nationale comme en Esperanto, il ne comportera ni apostrophes ni crochets : Exemple : *Milano*.

Il convient de remarquer qu'il n'existe, à vrai dire, aucune langue qui s'écrive complètement avec l'alphabet latin, sauf l'anglais (et encore l'anglais possède-t-il les deux lettres *k* et *w*, inconnues du latin). Toutes les autres langues ont été obligées de modifier l'alphabet latin par l'emploi de signes diacritiques : accents aigu, grave, circonflexe, tréma, cédille, tilde, accent circonflexe renversé, *o* supérieur, lettres barrées. Le nombre des lettres ainsi modifiées est considérable, et il n'existe, pour ainsi dire, pas d'imprimerie privée qui les possède toutes.

On a proposé, en raison de cette difficulté, et pour ne pas soulever de jalousies, de n'imprimer les noms en orthographe nationale qu'en supprimant tous accents, c'est-à-dire en s'en tenant à l'alphabet latin pur.

Il semble excessif de défigurer ainsi tous les noms, par la seule raison qu'on ne peut pas les écrire tous d'une manière parfaite. Mieux vaut obtenir une exactitude relative, en tablant sur ce fait que les imprimeries, capables d'imprimer de l'Esperanto, possèdent certainement, en tous pays, au moins une série de caractères français et allemands, ainsi que la lettre *ñ* espagnole. On conviendrait alors d'écrire les noms de ces trois langues avec leur orthographe exacte; quant aux autres langues, on écrirait ceux de leurs caractères accentués qui existent dans les alphabets allemands, esperanto et français, et on laisserait sans accents leurs autres lettres, ou bien on les remplacerait par des lettres autrement accentuées. Par exemple, le *å* suédois peut se remplacer par un *à*, qui n'existe pas dans cette langue, et qui ne peut, par suite, évoquer dans l'esprit du lecteur que l'idée de la lettre *å*. Sans doute, un certain nombre des mots de ces langues seraient défigurés, mais le mal serait moindre que si l'on supprimait tous les accents.

Enfin, il y a lieu, en vue du classement des matières, de déterminer l'ordre alphabétique des caractères employés (Voir page 6). A cet effet, on admettra uniformément l'ordre suivant : lettre simple, accent aigu, accent grave, accent circonflexe, tréma, lettre composée. La lettre esperanto *ŭ*, qui est une consonne distincte, se place après les divers *u* accentués. On obtient ainsi la série :

a, à, â, ä, æ, b, c, ĉ, ç, d, e, é, è ê, (ə), f, g, ĝ, h, ĥ, i, î, ï, j, ĵ, k, l, m, n, ñ, o, ô, ö, œ, œ̂, p, q, r, s, ŝ, t, u, ù, û, ü, ŭ, v, w, x, y, z.

Remarques. Les sons mouillés, si fréquents dans les langues slaves, sont figurés au moyen de la lettre *j*, qui donne les combinaisons *ja*, *je*, *jo*, *ju*, *ij*, *lj*, *nj*, etc.

Les lettres *â*, *ê*, *ô*, n'ont pas la même signification, selon qu'elles sont dans un mot entre apostrophes ou entre crochets. Dans le premier cas, elles conservent leur signification nationale ; dans le second, ce sont les représentations conventionnelles des nasales. Exemple : ' Châlons ' [Ŝalô].

La lettre œ̂ n'existe que dans les transcriptions phonétiques (entre crochets).

Les lettres tchèques et croates à accent circonflexe renversé sont remplacées par les lettres à accent circonflexe.

* * *

Une autre solution qui me semble digne d'être prise en considération, parce qu'il ne s'agit pas d'imprimer des textes suivis, destinés au grand public, mais seulement des références à l'usage des érudits, consisterait à n'employer que les lettres accentuées propres à l'Esperanto, et à remplacer tous autres accents par une astérisque placée après la lettre, ou par le signe × ajouté en indice ou exposant.

Ainsi le lecteur serait toujours averti de l'existence d'une lettre accentuée, qu'il aurait à restituer, et son hésitation, relativement au mot considéré, serait réduite au minimum.

Peut-être cette proposition, combinée avec celle présentée par M. Zakrzewski, et reproduite ci-après, fournirait-elle la clef du problème, en facilitant l'identification des noms, sans favoriser aucune langue et en restant sur un terrain strictement international.

En même temps, en se contenterait, comme le demande cet auteur, du degré d'approximation phonétique que permet l'alphabet Esperanto.

La rapide diffusion de l'Esperanto et le rôle qu'il est appelé à jouer justifient, en effet, cette opinion, qu'il doit être traité, à tous égards, comme toute autre langue existante. Et de même que, par exemple, dans un manuel d'anglais à l'usage des Français, on s'efforce de figurer, tant bien que mal, la prononciation anglaise, à l'aide des sons du français, de même les Esperantistes voudront très vraisemblablement que leur langue se suffise à elle-même dans toutes les applications qui en seront faites.

ANNEXE N° 2

SUR LA TRANSCRIPTION DANS LES OUVRAGES ESPERANTO DES NOMS, TITRES ET INSCRIPTIONS DES AUTRES LANGUES

PAR M. ADAM ZAKRZEWSKI (1)

Toute recherche d'un alphabet phonétique, pouvant exprimer les sons de toutes les langues, me paraît purement illusoire et dépourvue de tout intérêt pratique. Déjà, dans des essais de ce genre, le nombre des signes pour les langues principales dépasse une centaine (JOSE ARTEAGA PEREIRA : *Alphabet phonétique des principales langues européennes*. L. J. STUDER. *Essai de réforme orthographique internationale en 40 langues*). Que serait-ce donc pour les 800 langues existant sur notre globe! Et à quoi mène-t-elle l'invention de nouveaux signes, si la façon de les prononcer est absolument impossible à enseigner, ni à figurer.

Les Français, par exemple, ont déjà beaucoup de difficultés avec certaines lettres de l'alphabet Esperanto: ils prononcent, par exemple, le *ĥ* comme *k*, quelque fois même le *h* n'est pas prononcé du tout (*l'herbaro* au lieu de *la herbaro*, comme si le mot commençait par une voyelle) ; une simple combinaison des deux consonnes *s* et *c* leur paraît difficile: *scienco*, *scias* (en polonais, nous en avons souvent jusqu'à 4 ou 5: pstry, tkwi, lśni, mgła, zdzblo, roztrwonić, chrząszcz, brzmi).

En un mot, l'alphabet phonétique universel est une question dont nous n'avons pas à nous occuper en ce moment. En fait de transcription phonétique approximative la solution la plus simple serait de se limiter aux lettres de l'alphabet Esperanto que tout lecteur de livres Esperanto est tenu de connaître. Il ne faudrait nullement chercher à le compléter par de nouvelles lettres, car ce travail une fois commencé, je n'en vois pas la fin, et on risque toujours de faire des

(1) Le même auteur a présenté un rapport détaillé sur cette question au *Lingva Komitato* esperantiste, dont il est membre.

mécontents parmi ceux dont la langue n'aurait pas été suffisamment représentée dans le nouvel alphabet. Même si l'on conserve les lettres latines *x*, *y*, *q*, et le *w*, ce serait non pas pour la transcription phonétique, mais uniquement pour la reproduction textuelle des noms propres français, anglais, polonais, suédois, comme Michau*x*, Grabo*w*ski, Heinrichlund*q*uist, *W*illiams, Delign*y*. Ces lettres ne peuvent servir à la transcription phonétique, puisque q = k, x = ks, y = i, w = v.

Il faut remarquer que l'alphabet Esperanto, pour beaucoup de langues qui emploient un alphabet non latin, permet une transcription phonétique presque complète ; (les seules exceptions, pour le Russe par exemple, seraient les lettres l dur et i fermé (ieri) que l'on devrait figurer par *ll* et *y*).

Quant à la transcription des titres selon leur orthographe nationale pour les langues qui emploient un alphabet non latin la transcription phonétique s'impose absolument. Parmi les autres il faut distinguer les deux catégories suivantes :

a) Les unes emploient l'alphabet latin primitif, et c'est, je crois, justement une langue non latine, l'anglais, qui figure toute seule dans cette catégorie (plus la lettre w) ;

b) Les autres ont plus ou moins modifié l'alphabet latin, en y introduisant des signes nombreux et très différents dans différentes langues Presque toutes nos langues européennes sont dans ce cas ;

Français : à, â, ç, é, è, ê, ï, ù
Polonais : ą, ę, ź, ż, ć, ś, ł
Tchèque : à, ů, ř, č, ŝ
Allemand : ¨, ü, ö.

Suédois : å, ö, ü, danois (ø), lithuanien (ą ę), hongrois, croate, finnois, lette, este, etc., etc.

Toute cette diversité de signes doit-elle donc être reproduite dans les ouvrages Esperanto ? Car il ne serait pas convenable (au point de vue de la politesse internationale) d'en conserver quelques-uns pour certaines langues privilégiées et de supprimer les autres. Si, par exemple, vous écrivez : *Jezyk miedzynarodovy* au lieu de : *Język międzynarodowy*, il faut alors écrire aussi *Preface et worterbuch* au lieu de *Préface et wörterbuch*. D'autre part, comme il est presque impossible de posséder toutes ces lettres dans les imprimeries, la solution qui s'impose, c'est la *suppression de tous les signes qui n'existent pas dans la langue Esperanto*. Les Allemands bénéficieront alors seulement du ŭ Esperanto, les Tchèques de ĉ et de ŝ, l'ĥ, ĵ, ĝ n'ayant, à ce que je sache, aucune lettre correspondante dans d'autres langues.

Nous aurions donc comme règles générales de la transcription des titres écrits en :

(A). — Caractères *non latins.* [Grec, hébreu, russe, bulgare, serbe, petit-russien, japonais, turc, arabe, allemand gothique, lettre gothique, arménien, tartare]	*Transcription phonétique approximative. Alphabet Esperanto.*
(B). — Caractères *latins non modifiés.* Anglais (seul ?)	*Transcription textuelle précise. Alphabet latin* (*plus* w).
(C). — *Caractères latins modifiés.*) Français, italien, espagnol, portugais... Polonais, tchèque, croate, slovène... Allemand, suédois, danois... Hongrois, lithuanien, lette, este, etc.	*Transcription textuelle approximative.* *Alphabet latin* plus quelques lettres Esperanto quand elles correspondent graphiquement aux lettres modifiées des alphabets nationaux (ŭ allemand, ĉ, ŝ tchèques.) Suppression complète des autres signes : ą, ç, é, ä, ü

Dans ces deux derniers cas on devrait ajouter en parenthèses aux titres transcrits textuellement selon l'orthographe nationale leur transcription phonétique approximative (c'est-à-dire seulement par le moyen des lettres de l'alphabet esperanto), et enfin pour les trois catégories, une traduction en Esperanto en y ajoutant seulement une transcription phonétique des noms propres, *si c'est nécessaire,* car il est évident qu'elle serait inutile pour des noms comme Borel, Zola, Villareal, Andersen, Bujnicki, Sikorski, Kotarski, Blumental, Cederblad ou Hamel.

Indications, références complémentaires, etc., évidemment en Esperanto.

La seule concession posssible serait peut-être d'autoriser l'emploi des lettres accentuées, et même de caractères non-latins, employés dans la langue du pays où l'ouvrage est imprimé, pour la raison pratique que ces caractères se trouvent dans les imprimeries de ce pays. Ce ne serait donc plus un privilège spécial pour certaines langues et ne pourrait offenser personne.

En appliquant les règles qui précédent, on obtiendrait les exemples suivants.

I *a*) Jérôme Cailleux. Aperçu général des règles de l'Esperanto. Bayonne. Nouvelle édition. Typographie Leroy (dans un livre imprimé en France), où bien :

Jérome Cailleux. Apercu general des regles de l'Esperanto. Bayonne. Nouvelle edition. Typographie Leroy (dans une bibliographie imprimée dans un autre pays).

b) Ĵerom Kalje. Apersju ĵeneral de regl de l'Esperanto. Bajon. Nuvel edisjon. Tipografi Lerŭa.

c) Jerome Cailleux [Kalje]. Ĝenerala Skizo de reguloj de Esperanto. Bayonne [Bajon]. Nova eldono. Presejo de Leroy [Lerŭa].

II. *a*) J. Słowacki. Ojciec zadżumionych tłómaczył Jakób Świątkowski. Lódź. Nakład Trzcińskiego (imprimé en Pologne) ou bien :

J. Slowacki. Ojciec zadzumionych tlomaczyl Jakob Swiatkowski. Lodz. Naklad Trzcinskiego (imprimé en France).

b) [J. Slovacki. Ojcjec zadĵumjoniĥ tlumaĉil Jakub Svjontkovski. Ludzĵ. Naklad Fĵcinskjego].

c) J. Slowacki (Slovacki). La patro de pestuloj tradukis Jakobo Swiatkowski (Svjontkovski). Lodz. Eldono de Trzcinski [Tĵcinski].

III. (*a*). Т. А. Щавинскій. Полный учебникъ международнаго языка. Харьковъ Изданіе Владиміра Кудрявцева. ou bien, faute de caractères russes : [titolo en rusaj literoj].

b) [T. A. Ŝĉavinskij : Polnyj uĉebnik mjeĵdunarodnavo jazyka. Ĥarjkov. Izdanje Vladimira Kudrjavceva].

c) T. A. Ŝĉavinskij. Plena lernolibro de la lingvo internacia. Ĥarjkov, Eldono de Vladimir Kudrjavcev.

Si ce graphisme paraît étrange et barbare, consolons-nous en nous disant que c'est le maximum de barbarisme acceptable et dans beaucoup de cas nécessaire. Il ne faudrait donc pas l'augmenter par de nouveaux signes encore plus étranges pour la majorité des peuples. Dans nos exemples une partie au moins ne paraîtrait pas barbare à certaines personnes : les titres français aux Français, les russes aux Russes, etc. Mais avec de nouvelles lettres, ils le seraient pour tous.

Paris. — Typ. PHILIPPE RENOUARD, 19, rue des Saints-Pères. — 850.

www.ingramcontent.com/pod-product-compliance
Ingram Content Group UK Ltd.
Pitfield, Milton Keynes, MK11 3LW, UK
UKHW012248240726
13966UKWH00004B/1345

9 782013 060660